LE LIVRE
DU PREMIER AGE
OU
MÉTHODE
POUR
L'ENSEIGNEMENT SIMULTANÉ,
FACILE ET RAPIDE,
DE LA LECTURE, DE L'ÉCRITURE ET DES PREMIÈRES NOTIONS DE CALCUL,

PAR [illegible] BRARE-BILBAUT

DOUAI,
Chez l'auteur, Grand'Place, [illegible]
1853.

X

LE LIVRE

DU PREMIER AGE.

Se trouve :

Chez l'auteur, Grand'Place, 28,
Et chez les principaux libraires

LE LIVRE

DU PREMIER AGE

OU

MÉTHODE

POUR

L'ENSEIGNEMENT SIMULTANÉ,

FACILE ET RAPIDE,

DE LA LECTURE, DE L'ÉCRITURE ET DES PREMIÈRES NOTIONS DU CALCUL,

PAR M. BRARE-BILBAUT.

DOUAI,

CRÉPEAUX, IMPRIMEUR,

RUE DES ÉCOLES, 27.

1853.

Avant-propos.

Rien n'est plus ingrat, rien n'est plus long, je dirai presque rien n'est plus difficile que la bonne direction des premières études de l'enfance. A peine un jeune enfant vous a-t-il été confié, que ses parents voudraient déjà qu'il sût lire, écrire, quelquefois même calculer. Ces exigences aveugles trouvent leur justification dans l'amour aussi orgueilleux que tendre d'un père et d'une mère. Mais que de tracas ne suscitent-elles pas souvent à ceux qui ont accepté la charge difficile et laborieuse de l'enseignement de la jeunesse ! Aussi ai-je pensé qu'un travail qui répondrait aux exigences que je viens de signaler serait accueilli avec faveur et empressement et par les parents et par les maîtres. C'est cette pensée qui m'a inspiré la composition de ce petit livre. Consacrer à l'enseignement simultané de la lecture, de l'écriture et des premières notions du calcul beaucoup moins de temps qu'on en emploie ordinairement pour l'étude seule de la lecture, tel est le but que je me suis proposé d'atteindre. L'expérience de plusieurs années m'a démontré suffisamment qu'il pouvait l'être et m'a encouragé à offrir mon travail au public intéressant des écoles, auquel j'ai consacré mon temps et mes années, et qui m'inspire un si vif attachement.

Instruire l'enfant en l'intéressant, en l'amusant, en le faisant le premier juge de ses propres succès, c'est le moyen le plus sûr d'obtenir de rapides et solides résultats. C'est la marche suivie dans cette méthode. Les maîtres y trouveront un allégement aux fatigues d'une surveillance continuelle, en ce que l'enfant est toujours occupé très-agréablement. En effet, dans ce triple enseignement, une étude soutient l'autre, l'accélère, la perfectionne à l'insu de l'enfant qui, au lieu de cette aridité qui provoque l'ennui et le dégoût, ne trouve que délassement, amorce pour sa curiosité et son émulation, et partant que plaisir. Cette marche, aussi simple que si elle était unique, le trouve toujours disposé à étudier, et il apprend à la fois trois choses plus facilement qu'il n'en aurait appris une seule.

L'essai de ma méthode justifiera ce que j'avance. On verra que la méthode de lecture est aussi complète que l'exige l'âge pour lequel elle est faite ; que, par l'écriture, l'enfant s'habitue à la liaison des syllabes qu'il a étudiées, pour en faire les mots ; qu'on procède toujours du simple au composé, du plus facile au plus difficile, et qu'enfin l'élève jouit bientôt de son travail en déchiffrant de courtes phrases qui, en même temps, appliquent des syllabes inconnues jusque-là.

L'ouvrage est terminé par un choix de petites fables présentées le plus simplement possible, et desquelles ressort une morale pure et attachante. C'est ce qui constitue la 2e partie ou les premières lectures.

Quelques notes consacrées au maître ou au moniteur le mettent à même de suivre la marche sans crainte de jamais dévier et sans efforts pour l'appliquer.

Un dernier avantage que présente ce petit livre, c'est qu'il s'applique également et à la méthode sans épellation et à l'ancienne méthode.

a	b	c
d	e	f
g	h	i j
k	l	m

n	o	p
q	r	s
t	u	v
x	y	z

VOYELLES.

a, e, i, o, u, y.

CONSONNES.

b, c, d, f, g, h,
j, k, l, m, n, p,
q, r, s, t, v, w,
x, z.

Différentes sortes d' e (1).

e, é, è, ê.

(1) Expliquez la prononciation des e. Faites observer que le ^ indique qu'il faut poser plus longtemps sur les voyelles qui en sont affectées.

AU MAITRE ou AU MONITEUR.

Les premiers exercices ont été disposés en tableaux, afin qu'en obligeant l'enfant à suivre, dans la lecture, tantôt de droite à gauche, tantôt de gauche à droite ou de haut en bas, de bas en haut, etc., on puisse exercer le plus possible sa mémoire à retenir avec sûreté la forme des lettres et des syllabes.

On devra de plus faire remplacer (1) les lettres du troisième tableau par leurs correspondantes en écriture et en majuscules imprimées.

Afin que l'étude aride des lettres et des syllabes ne rebute pas l'enfant, on devra disposer son temps de manière qu'il puisse alternativement étudier les tableaux et copier les traits et les exemples d'écriture ci-après.

(1) Sur l'ardoise ou le tableau noir.

v ı v c ɔ o ʻ

m e n w r a

/ l j t b f

fa gite ve

1er. TABLEAU.

Alphabet présentant trois sortes de lettres.

a	b	c	d	e	é	f	g	h
a	*b*	*c*	*d*	*e*	*é*	*f*	*g*	*h*
A	B	C	D	E	É	F	G	H
i	j	k	l	m	n	o	p	q
i	*j*	*k*	*l*	*m*	*n*	*o*	*p*	*q*
I	J	K	L	M	N	O	P	Q
r	s	t	u	v	w	x	y	z
r	*s*	*t*	*u*	*v*	*w*	*x*	*y*	*z*
R	S	T	U	V	W	X	Y	Z

2e. TABLEAU.

Consonnes simples précédées de voyelles simples et offrant une prononciation invariable.

ab	ad	al	ap	ar
ab	*ad*	*al*	*ap*	*ar*
AB	AD	AL	AP	AR
at	ed	el	er	il
at	*ed*	*el*	*er*	*il*
AT	ED	EL	ER	IL
ir	ol	or	ul	ur
ir	*ol*	*or*	*ul*	*ur*
IR	OL	OR	UL	UR

3e. TABLEAU.

Consonnes simples suivies de voyelles simples offrant une prononciation invariable.

ba	da	la	pa	ra	ta	va
be	de	le	pe	re	te	ve
bé	dé	lé	pé	ré	té	vé
bo	do	lo	po	ro	to	vo
bu	du	lu	pu	ru	tu	vu
ma	na	me	ne	mé	né	mè
mi	ni	mo	no	mu	nu	ga
bi	di	ni	pi	ri	vi	go
za	ze	zé	zi	zo	zu	gu

AU MAITRE ou AU MONITEUR.

Toutes les leçons qui vont suivre sont divisées en deux parties. Dans la première, les syllabes sont séparées pour rendre l'étude des mots plus facile. Dans la seconde, ces syllabes sont réunies et imprimées sous forme de manuscrit. Chaque ligne est précédée d'un chiffre indicatif. Voici la méthode à suivre.

Après s'être assuré que l'élève a bien récité toutes les syllabes séparées, le maître ou le moniteur fait étudier les mêmes mots à syllabes réunies, dans la partie écrite, les fait lire en indiquant les lignes par le nom du chiffre qui les précède et puis fait copier cette partie à chacun sur l'ardoise ; après quoi, faisant aller l'élève au tableau noir, il lui fait écrire les mots à la dictée. A un moment donné de la journée, l'élève, bien exercé par les moyens qui viennent d'être indiqués, transcrira sur son cahier la partie écrite, qui devient ainsi son modèle d'écriture.

Pour initier l'enfant de bonne heure aux premières notions du calcul, le maître ou le moniteur devra faire additionner et soustraire par degrés selon les capacités de l'élève, les sommes qui commencent chaque ligne. Chaque leçon sera, du reste, terminée par un questionnaire qui pourra être modifié selon les besoins des enfants.

1re LEÇON.

1er *exercice sur les tableaux précédents.*

MOTS DE DEUX SYLLABES.

ar du,	bi bi,	pa vé,
da da,	na na,	or do,
pa ve,	zô ne,	pa pa,
a re,	pi pe,	pi pé,
pa pe,	pi re,	mè re,
zé ro,	pè re,	pâ te,
mo de,	bi re,	pâ té.

1.	*ardu,*	*bibi,*	*pavé,*
2.	*dada,*	*nana,*	*ordo,*
3.	*pave,*	*zône,*	*papa,*
4.	*are,*	*pipe,*	*pipé,*
5.	*pape,*	*pire,*	*mère,*
6.	*zéro,*	*père,*	*pâte,*
7.	*mode,*	*bire,*	*pâté.*

QUESTIONNAIRE.

1re q. Quelle somme obtenez-vous en additionnant les trois premiers nombres ?

2e q. Otez-en le 4e, que reste-t-il ?

2e LEÇON.

Même exercice.

vê	tu,	ur	ne,	tô	me,
â	me,	zé	bu,	ma	ri,
li	me,	u	ni,	li	mé,
ta	ré,	ô	té,	gâ	té,
gâ	te,	re	pu,	du	pe,
zè	le,	du	pé,	zé	lé,
za	ni,	re	lu,	pa	ri.

8.	*vêtu,*	*urne,*	*tôme,*
9.	*âme,*	*zébu,*	*mari,*
10.	*lime,*	*uni,*	*limé,*
11.	*taré,*	*ôté,*	*gâté,*
12.	*gâte,*	*repu,*	*dupe,*
13	*zèle,*	*dupé,*	*zélé,*
14.	*zani,*	*relu,*	*pari.*

QUESTIONNAIRE.

1re q. Additionnez les quatre premiers nombres ?
2e q. Otez de la somme le 5e, que reste-t-il ?

3e LEÇON.

Même exercice.

ri	te,	a	ra,	me	nu,
ga	re,	bi	le,	re	mi,
lu	ne,	mi	re,	dé	mi,
go	be,	tê	tu,	tê	te,
li	re,	ga	la,	ri	me,
ri	mé,	vi	de,	ga	le,
mi	di,	di	re,	ar	me.

15.	*rite,*	*ara,*	*menu,*
16.	*gare,*	*bile,*	*remi,*
17.	*lune,*	*mire,*	*démi,*
18.	*gobe,*	*têtu*	*tête,*
19.	*lire,*	*gala,*	*rime,*
20.	*rimé,*	*vide,*	*gale,*
21.	*midi,*	*dire,*	*arme.*

QUESTIONNAIRE.

1re q. Quelle somme donnerait l'addition des cinq premiers nombres ?

2e q. Otez-en le 6e, que reste-t-il ?

4e LEÇON.

Même exercice.

vo te,	vo té,	mi ré,
da me,	da mé,	é lu,
ga ze,	on de,	no te,
ra pe,	râ pé,	ta ri,
ta pe,	â ne,	ar mé,
é mu,	mû ri,	mu ni.
mu ré,	no te,	no té.

22.	*vote,*	*voté,*	*miré,*
23.	*dame,*	*damé,*	*élu,*
24.	*gaze,*	*onde,*	*note,*
25.	*rape,*	*râpé,*	*tari,*
26.	*tape,*	*âne,*	*armé,*
27.	*ému,*	*muri,*	*muni,*
28.	*muré,*	*note,*	*noté.*

QUESTIONNAIRE.

1re q. Quelle somme obtendrait-on en additionnant les six premiers nombres ?

2e q. Otez-en le 7e, que reste-t-il ?

5e LEÇON.

RAPPROCHEMENTS.

mi	re,	ri	me,	re	mi,
re	pu,	pu	re,	ra	pe,
du	re,	ru	de,	di	re,
pa	ré,	râ	pé,	pi	re,
é	mu,	mû	re,	ri	mé,
ri	dé,	dî	né,	re	lu,
ga	ze,	za	ni,	zè	le.

29.	*mire,*	*rime,*	*remi,*
30.	*repu,*	*pure,*	*rape,*
31.	*dure,*	*rude,*	*dire.*
32.	*paré,*	*râpé,*	*pire,*
33.	*ému,*	*mûre,*	*rimé,*
34.	*ridé,*	*dîné,*	*relu,*
35.	*gaze,*	*zani,*	*zèle.*

QUESTIONNAIRE.

1re q. Quelle somme obtiendriez-vous en additionnant tous les nombres ?

2e q. Otez-en la somme des 2 premiers, que reste-t-il ?

6e LEÇON.

MOTS DE TROIS SYLLABES.

ap pa ru,	re li er,
do mi no,	er mi te,
al lu mé,	mé ri te,
mé ri té,	ar bo ré,
du re té,	ma dè re,
ac cé dé,	dé pu té,
ga lo pé,	ma la de.

36. *apparu*, *relier*,
37. *domino*, *ermite*,
38. *allumé*, *mérite*,
39. *mérité*. *arboré*,
40. *dureté*, *madère*,
41. *accédé*, *député*,
42. *galopé*. *malade*.

QUESTIONNAIRE.

1re q. Quelle somme obtiendrez-vous en additionnant tous les nombres de l'exercice ?

2e q. Otez-en la somme des trois premiers nombres, que reste-t-il ?

7e LEÇON.

Même exercice.

pâ	tu	re,	o	pé	ra,
a	ri	de,	ar	mu	re,
ar	tè	re,	ga	bi	on,
a	ra	be,	ba	di	ne,
a	va	re,	pa	ru	re,
pa	na	de,	a	rê	te,
a	zu	ré,	dé	li	re.

43. *pâture*, *opéra*.
44. *aride*, *armure*,
45. *artère*, *gabion*,
46. *arabe*, *badîne*,
47. *avare*, *parure*,
48. *panade*, *arête*,
49. *azuré*, *délire*.

QUESTIONNAIRE.

1re q. Quelle somme obtiendrez-vous en additionnant tous ces nombres ?

2e q. Otez-en la somme des quatre premiers nombres, que reste-t-il ?

8e LEÇON.

Même exercice.

a	bî	me,	ga	lè	re,
bo	bi	ne,	do	ru	re,
ga	ba	re,	or	du	re,
mi	nu	te,	at	te	lé,
ad	mi	ré,	re	mè	de,
ob	te	nu,	é	pu	ré,
a	bo	li,	bi	rè	me.

50. *abîme,* *galère,*
51. *bobine,* *dorure,*
52. *gabare,* *ordure,*
53. *minute,* *attelé,*
54. *admiré,* *remède,*
55. *panade,* *unité,*
56. *aboli,* *birème.*

QUESTIONNAIRE.

1re q. Additionnez les nombres de l'exercice, quelle somme obtiendrez-vous ?

2e q. Otez-en la somme des cinq premiers nombres, que reste-t-il ?

9e LEÇON.

Même exercice.

dé li é, re li re,
é ta mé, pa ra de,
re le vé, re la té,
é me ri, é pu ré,
dé li re, dé lu ré,
pa na de, u ni té,
ra me né, re vê tu.

57. *délié,* *relire,*
58. *étamé,* *parade,*
59. *relevé,* *relaté,*
60. *émeri,* *épuré,*
61. *délire,* *déluré,*
62. *panade,* *unité,*
63. *ramené,* *revêtu.*

QUESTIONNAIRE.

1re q. Quelle somme obtiendrez-vous en additionnant tous les nombres de l'exercice ?

2e q. Otez-en la somme des six premiers nombres, que reste-t-il ?

10e LEÇON.

RAPPROCHEMENTS.

oc cu pé,	ra pu ré,
ar tè re,	al tè re,
al té ré,	re la té,
do ru re,	or du re,
ad mi re,	re mè de
dé lu ré,	dé li re,
re le vé,	ré vé lé.

64.	*occupé,*	*rapuré,*
65.	*artère,*	*altère,*
66.	*altéré,*	*relaté,*
67.	*dorure,*	*ordure,*
68.	*admire,*	*remède,*
69.	*déluré,*	*délire,*
70.	*relevé,*	*révélé.*

QUESTIONNAIRE.

1re q. Quelle somme obtiendrez-vous en additionnant tous les nombres de l'exercice ?

2e Otez en la somme des deux derniers nombres, que reste-t-il ?

11e LEÇON.

MOTS DE QUATRE SYLLABES.

é pi,	li mo na de,
ra de,	ga li o te,
pé ri,	pé le ri ne,
do ré,	zi be li ne,
pi lé,	dé na tu ré,
ri dé,	mo ra li té,
zé ro,	ri va li té.

71. *épi,* *limonade.*
72. *rade,* *galiote,*
73. *péri,* *pélerine,*
74. *doré,* *zibeline,*
75. *pilé,* *dénaturé,*
76. *ridé,* *moralité,*
77. *zéro,* *rivalité.*

QUESTIONNAIRE.

1re q. Additionnez tous les nombres de l'exercice, quelle somme obtenez-vous ?

2e q. Otez-en la somme des trois derniers nombres, que reste t-il ?

12e LEÇON.

Même exercice.

pa	ri,	pa	no	ra	ma,
o	mi,	té	mé	ri	té,
te	nu,	a	ro	ma	te,
lo	to,	a	vi	di	té,
pé	ri,	u	ti	li	té,
bé	ni,	di	vi	ni	té,
la	vé,	é	ga	li	té.

78. *pari*, *panorama*,
79. *omi*, *témérité*,
80. *tenu*, *aromate*,
81. *loto*, *avidité*,
82. *péri*, *utilité*,
83. *béni*, *divinité*,
84. *lavé*, *égalité*.

QUESTIONNAIRE.

1re q. Quelle somme obtenez-vous en additionnant tous les nombres de l'exercice ?

2e q. Otez-en la somme des quatre derniers nombres, que reste-t-il ?

13e LEÇON.

Même exercice.

me né, al té re ra,
vo lé, ra ni me ra,
al lé, dé pé ri ra,
rê vé, é lu de ra,
vi dé, ra pi di té,
ri dé, dé ro be ra,
vi de, pa tu re ra.

85. *mené,* *altérera,*
86. *volé,* *ranimera,*
87. *allé,* *dépérira,*
88. *rêvé,* *éludera,*
89. *vidé,* *rapidité,*
90. *ridé,* *dérobera,*
91. *vide,* *paturera.*

QUESTIONNAIRE.

1re q. Quelle somme donne l'addition des nombres de l'exercice ?

2e q. Otez-en les cinq derniers réunis, que reste-t-il?

14e LEÇON.

MOTS DE CINQ SYLLABES.

no ta bi li té,
il lu mi ne ra,
re ma ni pu lé,
no to ri é té,
dé na tu re ra,
a ma bi li té,
il dé pi ri ra.

92. *notabilité*,
93. *illuminera*.
94. *remanipulé*,
95. *notoriété*,
96. *dénaturera*,
97. *amabilité*,
98. *il dépérira*.

QUESTIONNAIRE.

1re q Additionnez tous les nombres de l'exercice, quelle somme obtenez-vous ?

2e q. Otez-en la somme des six derniers nombres, que reste-il ?

15e LEÇON.

Consonnes simples précédées de voyelles simples et formant syllabes à prononciation variable.

SONS ÉQUIVALENS.

am : *am* pu té,
em : *em* pi lé,
an : *an* go ra,
en : *en* du ré,

im : *im* pu re,
in : *in* di go,
en : ri *en*,

om : *om* bi li ca le,
on : *on* du lé.

SONS PROPRES.

am : (1) *am* ma,
an : *an* na,
im : *im* mo lé.
in : *in* no vé.

(1) On peut faire observer 1o que *am* et *an*, *im* et *in* ne conservent ordinairement leur son propre que lorsque la syllabe suivante commence par *m* et *n*; 2o que *en* a le son de *an* seulement lorsqu'il n'est pas suivi de la consonne *n*, excepté dans *en*nui, ou qu'il n'est pas à la fin d'un mot.

16e LEÇON.

EXERCICES SUR LES SONS ÉQUIVALENS.

am bi gu,	en du ré,
em pi ré,	am pu té,
en le vé,	en rô la,
an go ra,	en vo lé,
en tê té,	en ta mé,
em pi la,	en lè ve,
en vo la.	em pi re.

99.	*ambigu,*	*enduré,*
100.	*empiré,*	*amputé,*
101.	*enlevé,*	*enrôla,*
102.	*angora,*	*envolé,*
103.	*entêté,*	*entamé,*
104.	*empila,*	*enlève,*
105.	*envola*	*empire.*

QUESTIONNAIRE.

1re q. Additionnez tous les nombres de l'exercice.

2e q. Quel produit obtenez-vous en multipliant le premier nombre par 2 ?

3e q. Otez de ce produit le 3e nombre de l'exercice.

17e LEÇON.

Même exercice.

en ra ci na,	on ze,
en ta mé,	on du lé,
en té ri né,	an go ra,
om bi li ca le,	on de,
en du re ra,	en té,
am pu te ra,	en rô la,
en lè ve ra,	en du re.

106.	*enracina,*	*onze,*
107.	*entamé,*	*ondulé,*
108.	*entériné,*	*angora,*
109.	*ombilicale,*	*onde,*
110.	*endurera,*	*enté,*
111.	*amputera,*	*enrôla,*
112.	*enlèvera,*	*endure.*

QUESTIONNAIRE.

1re q. Additionnez tous les nombres de l'exercice.

2e q. Quel produit donnera la multiplication du premier nombre par 3 ?

3e q. Otez de ce produit le 3e nombre, que reste-t-il ?

18e LEÇON.

SONS ÉQUIVALENTS ET SONS PROPRES.

im bu, im mé di at,
im bi bé, im mo dé ré,
im pé ra ti ve,
im mé mo ri al,
vo te im pé ri al,
u ne im mu ni té,
pè re im po li.

113. *imbu, immédiat,*
114. *imbibé, immodéré,*
115. *impérative,*
116. *immémorial,*
117. *vote impérial.*
118. *une immunité,*
119. *père impoli.*

QUESTIONNAIRE.

1re q. Additionnez les nombres de l'exercice.

2e q. Quel produit obtenez-vous en multipliant le premier nombre par 3 ?

3e q. Otez-en la somme des deux premiers nombres, que reste-t-il ?

19e LEÇON.

Même exercice.

u ne im mo ra li té,
im po pu la ri té,
in du, im pu re té,
im pu té, in di go,
u ne im pu ni té,
im pu bè re, im mo lé,
in va li de, in ep te,

120. *une immoralité,*
121. *impopularité,*
122. *indu, impureté,*
123. *imputé, indigo,*
124. *une impunité,*
125. *impubère, immolé,*
126. *invalide, inepte.*

QUESTIONNAIRE.

1re q. Additionnez tous les nombres.

2e q. Quel produit donne la multiplication du 2e nombre par 3 ?

3e q. Otez-en la somme des trois premiers nombres.

20e LEÇON.

Même exercice.

in é ga li té,
u ne in dé vo te,
pè re in a ni mé,
in dé lé bi le,
vo lu me in oc ta vo,
lu ne in di ca ti ve,
il a in no vé.

127. *inégalité,*
128. *une indévote,*
129. *père inanimé,*
130. *indélébile,*
131. *volume in-octavo,*
132. *lune indicative,*
133. *il a innové.*

QUESTIONNAIRE.

1re q. Additionnez tous les nombres.

2e q. Multipliez le premier nombre par 3.

3e q. Otez du produit la somme des deux premiers nombres.

21e LEÇON.

Consonnes simples suivies de voyelles simples et formant syllabes à prononciation variable.

ca : *ca* ba ne,
ka : mo *ka*,
(1) qua : *qua* li té,

co : *co* mi té,
ko : pi *ko* lo,
quo : *quo* ti té,

ki : *ki* lo,
qui : *qui* né,

ke : co *ke*,
que : pi re *que*,
quê : *quê* te,

cu : *cu* ré.

(1) Faites observer que *q* est toujours suivi de *u*, excepté à la fin des mots, et a le son de *k*. On excepte seulement quelques mots, comme *qui*dam, *quié*tude, qui conservent la prononciation latine des mots d'où ils viennent.

22e LEÇON.

Même sujet.

(1) ça : dé pé *ça*,
sa : *sa* la de,

ce : *ce* la,
se : *se* ri ne,

cé : *cé* ci té,
sé : *sé* vè re,

ci : *ci* ra ge,
si : *si* rè ne,

ço : a *ço* re,
so : *so* li de,

çu : re *çu*,
su : *su* bi te.

(1) *C* se prononce *s* devant *e*, *i*, *y*; il prend le signe (ç) devant *a*, *o*, *u* pour avoir la même prononciation.

23e LEÇON.

Même sujet.

za : *za* po li,
(1) sa : ru *sa*,

ze : a *ze* lì ne,
se : ru *se*,

zé : *zé* ro,
sé : lé *sé*,

zi : *zi* be li ne,
si : lé *si* ne,

zo : *zô* ne,
so : i *so* lé,

zu : a *zu* ré,
su : u *su* re.

(1) *S*, entre deux voyelles, a le son de *z*.

24e LEÇON.

Même sujet.

ge : *ge* lé,
je : *je* té,

gé : *gé* mi,
jé : *jé* su,

gi : *gî* te,
ji : *j'i* ma *gi* ne,

ja : *ja* se,
(1) gea : mé na *gea*,

jo : *jo* li,
geo : *geô* le,

ju : *ju* ju be,
gue : ga *geu* re.

(1) Observez que *g*, suivi d'*e*, devant les voyelles *a*, *o*, *u*, a le son de *j*; il a le même son quand il est suivi immédiatement de *e*, *i*, *y*.

25e LEÇON.

PH = F.

fa : *fa* ce,
pha : *pha* se,

fi : *fi* gu re,
phi : *phi* lo lo gi que,

fe : *fe* ra,
phe : phi lo so *phe*,

fê : *fê* te,
phè : *phé* no mè ne,

fo : *fo* li o,
pho : *pho* que,

fu : *fu* me.

26e LEÇON.

RH = R.

ra : *ra* me,
rha : sa *rha*,

rê : *rê* ve,
rhé : *rhé* to ri que,

ri : *ri* me,
rhi : *rhi* no cé ro s (pron. *ce*).

ru : *ru* sé,
rhu : *rhu* me,

ti : *ti* ra ge,

(1) ti : na *ti* on,
ci : *ci* ra ge.

(1) Observez qu'ordinairement *t*, entre deux voyelles, se prononce *c*.

27e LEÇON.

TH = T.

té : *té* na ci té,
thé: *thé* o ri que,
to : *to* pa ze,
tho: *tho* ra ci que.

H.

H, au commencement des mots, ne se prononce ordinairement pas. (L'usage fera distinguer *h* muet de *h* aspiré.)

ha : *ha* bi tu de,
a : *a* bî me.

GE et GU.

ge : u sa *ge*,
gue : pi ro *gue*.

28e LEÇON.

EXERCICES SUR LES SUJETS PRÉCÉDENTS.

ca ba le, le cu ré,
pi ro gue, sa la de,
me na ça, ci ga re,
tho ra ci que, fu me,
té mé ri té, ar bo ré,
phi lo lo gue, thé o lo gien,
or di na ti on, ti mi de.

134. *cabale, le curé,*
135. *pirogue, salade,*
136. *menaça, cigare,*
137. *thoracique, fume,*
138. *témérité, arboré,*
139. *philologue, théologien,*
140. *ordination, timide.*

QUESTIONNAIRE.

1re q. Additionnez tous les nombres.

2e q. Multipliez la somme des deux premiers nombres par 2.

3e q. Otez du produit la somme des trois premiers nombres.

29e LEÇON.

Même exercice.

rhu me, ha bi le,
hé bé té, re jè te,
il a gé mi, na ti on,
pha lè re, lé si ne,
ho mi ci de, il quê te,
cé ci té, so li di té,
ho no ré, il a reçu.

141. *rhume, habile,*
142. *hébété, rejète,*
143. *il a gémi, nation,*
144. *phalère, lésine,*
145. *homicide, il quête,*
146. *cécité, solidité,*
147. *honoré, il a reçu.*

QUESTIONNAIRE.

1re q. Additionnez tous les nombres.

2e q. Multipliez par 3 la somme des trois premiers nombres.

3e q. Otez du produit la somme des quatre premiers nombres.

30e LEÇON.

Même exercice.

il guê te ce do gue,
il a je té, il a gelé,
lo que, da gue, ru se,
za po li, zé ro, zô ne,
a gi ta ti on, sa la de,
je rê ve, a do ra ti on,
il a re çu un tô me.

148. *il guête ce dogue,*
149. *il a jeté, il a gelé,*
150. *loque, dague, ruse,*
151. *zapoli, zéro, ruse,*
152. *agitation, salade,*
153. *je rêve, adoration,*
154. *il a reçu un tôme.*

QUESTIONNAIRE.

1re q. Additionnez tous les nombres.

2e q. Multipliez par 3 la somme des trois premiers nombres.

3e q. Otez du produit la somme des quatre premiers nombres.

31e LEÇON.

Même exercice.

gué ri, qua li té,
vo lu me re li é,
phi lo so phe, po si ti on,
ad mi ra ti on, ri de,
il a un rhu me te na ce,
je me jè te à la na ge,
il a gué ri un rhu me.

155 *guéri, qualité,*
156. *volume relié,*
157. *philosophe, position,*
158. *admiration, ride,*
159. *il a un rhume tenace,*
160. *je me jète à la nage,*
161. *il a guéri un rhume,*

QUESTIONNAIRE.

1re q. Additionnez tous les nombres.

2e q. Cherchez le produit de la somme des trois premiers nombres par 3.

3e q. Otez-en la somme des quatre premiers nombres.

32e LEÇON.

Même exercice.

il a su bi sa pu ni ti on,
geo li er, jo li pho que,
mé na ge ma da me de pi que,
un thé o lo gi en ge lé,
u ne ha bi ta ti on,
un cu ré ha bi le,
il mé na gea sa ba gue.

162. *il a subi sa punition,*
163. *geôlier, joli phoque,*
164. *ménage ma dame de pique,*
165. *un théologien gelé,*
166. *une habitation,*
167. *un curé habile,*
168. *il mènagea sa bague.*

QUESTIONNAIRE.

1re q. Additionnez tous les nombres.
2e q. Cherchez le produit du premier nombre par 4.
3e q. Otez-en la somme des trois premiers nombres.

33e LEÇON.

Même exercice.

sa fa ti gue fi ni ra,
du ca fé ap pe lé mo ka,
la ca ba ne de sa mè re,
u ne ru se su bi te,
la si rè ne me na ça,
le gui de ra sé,
un u su ri er i so lé.

169. *sa fatigue finira,*
170. *du café appelé moka,*
171. *la cabane de sa mère,*
172. *une ruse subite,*
173. *la sirène menaça,*
174. *le guide rasé,*
175. *un usurier isolé,*

QUESTIONNAIRE.

1re q. Additionnez tous les nombres.
2e q. Cherchez le produit du premier nombre par 4.
3e q. Otez-en la somme des trois premiers nombres.

34e LEÇON.

VOYELLES COMPOSÉES DANS LA FORME.

Sons propres.

ou : *pou* le, *bou* le,
eu : *peu* de lé gu me,

Sons équivalents.

ai = è : *pai* re, *pè* re,

ei = è : *pei* ne, *pè* ne,
eai = è : il a re çu sa *paie*,

au = o : f*au* te, fo li o,
eau = o : b*eau*, bo ri,

oi = oa : hom me po*i* lu,

eoi / oie = oi : le *foie* de l'*oie*,

ue = u : il *pue*, il a *pu*,
ie = i : p*i* re que la *pie*,
ée = é : poi re gâ t*ée*.

35e LEÇON.

VOYELLES COMPOSÉES DANS LE SON.

ia : d*ia* vo lo,
ié : moi *tié*,
io : v*io* lé,
ieu : ai me D*ieu*,
oui : il di ra *oui*,
ui : ce l*ui*-ci, ce l*ui*-là,
uie : ce la en n*uie*.

---

(1) *A, B, C, D, E, F, G, H,*
I, J, K, L, M, N, O, P,
Q, R, S, T, U, V, X, Y, Z.

(1) On donne ces majuscules afin que le maître puisse, s'il le juge à propos, recommander aux élèves de commencer les lignes des exercices écrits par une majuscule.

36e LEÇON.

EXERCICE SUR LES SONS PRÉCÉDENS.

am pou le, sou le,
ma bou le, rou le,
sa meu le, seu le,
la Sei ne, rei ne,
ba teau, une ai le,
la lai ne, boi re,
mi tai ne, toi le.

176. *ampoule, soule,*
177. *ma boule, roule,*
178. *sa meule, seule,*
179. *la Seine, reine,*
180. *bateau, une aile,*
181. *la laine, boire,*
182. *mitaine, toile.*

QUESTIONNAIRE.

1re q. Additionnez les nombres de l'exercice.
2e q. Cherchez le produit du premier nombre par 4.
3e q. Otez-en la somme des trois premiers nombres.

37e LEÇON.

Même exercice.

bu reau, mé moi re,
je li rai, ri deau,
bau me, ca deau,
fou le, poi re,
bi jou, sou pe,
jeu ne, rou ge,
Eu ro pe, ra meau.

183. *bureau, mémoire,*
184. *je lirai, rideau,*
185. *baume, cadeau,*
186. *foule, poire,*
187. *bijou, soupe,*
188. *jeune, rouge,*
189. *Europe, rameau.*

QUESTIONNAIRE.

1re q. Additionnez tous les nombres.

2e q. Cherchez le produit des deux premiers nombres par 4.

3e q. Otez-en la somme des cinq premiers nombres.

38e LEÇON.

Même exercice.

je di rai, voi ci,
je fi ni rai, voi là,
ne veu, voi tu re,
tau reau, veu va ge,
i voi re, je re lie rai,
se mai ne, lai ta ge,
boî te, mou le.

190. *je dirai, voici,*
191. *je finirai, voilà,*
192. *neveu, voiture,*
193. *taureau, veuvage,*
194. *ivoire, je relierai,*
195 *semaine, laitage,*
196. *boîte, moule.*

QUESTIONNAIRE.

1re q. Additionnez les nombres de l'exercice.

2e q. Cherchez le produit de la somme des deux premiers nombres par 4.

3e q. Otez-en la somme des cinq premiers nombres.

39e LEÇON.

Même exercice.

il se fie, neu ve,
So phie, fi lou,
cou de, fau te,
jeu di, joujou,
il lie sa meu te,
je fi le rai, jou te,
je me fie à moi-mê me.

197. *il se fie, neuve,*
198. *Sophie, filou,*
199. *coude, faute,*
200. *jeudi, joujou,*
201. *il lie sa meute,*
202. *je filerai, joute,*
203. *je me fie à moi-même.*

QUESTIONNAIRE.

1re q. Additionnez les nombres de l'exercice.

2e q. Cherchez le produit de la somme des deux premiers nombres par 4.

3e q. Otez-en la somme des cinq premiers nombres.

40e LEÇON.

Même exercice.

j'a jou te rai un peu,
il se dé sou le ra,
el le voi tu re seu le,
il pue, nou veau té,
il a pu se fai re moi ne,
il sue de tou te sa pei ne,
ha lei ne, cè ne.

204. *j'ajouterai un peu,*
205. *il se désoulera,*
206. *elle voiture seule,*
207. *il pue, nouveauté,*
208. *il a pu se faire moine,*
209. *il sue de toute sa peine,*
210. *haleine, cène.*

QUESTIONNAIRE.

1re q. Additionnez les nombres de l'exercice.

2e q. Cherchez le produit de la somme des trois premiers nombres par 4.

3e q. Otez-en la somme des six premiers nombres.

41e LEÇON.

Même exercice.

il miau le, biè re,
dia bo li que, bi jou,
dia dè me diè te,
dia lo gue, li ba ti on,
un diè se, moi tié,
dia pha ne, pia no,
dia go na le, piau le.

211. *il miaule, bière,*
212. *diabolique, bijou,*
213. *diadème, diète,*
214. *dialogue, libation,*
215. *un dièse, moitié,*
216. *diaphane, piano,*
217. *diagonale, piaule.*

QUESTIONNAIRE.

1re q. Additionnez tous les nombres de l'exercice.

2e q. Cherchez le produit de la somme des trois premiers nombres par 4.

3e q. Otez en la somme des six premiers nombres.

42e LEÇON.

Même exercice.

j'ai vu lui re la lu miè re,
a mi tié pieu se de Dieu,
ce lui qui lo gea en ce lieu,
vé né ra ti on sé rieu se,
ce lui-là n'a rien,
pié ti na ge, pié té,
j'ai ouï ce lui-ci.

218. *j'ai vu luire la lumière,*
219. *amitié pieuse de Dieu,*
220. *celui qui logea en ce lieu,*
221. *vénération sérieuse,*
222. *celui-là n'a rien,*
223. *piétinage, piété,*
224. *j'ai ouï celui-ci.*

QUESTIONNAIRE.

1re q. Additionnez tous les nombres de l'exercice.

2e q. Cherchez le produit de la somme des trois premiers nombres par 4.

3e q. Otez-en la somme des six premiers nombres.

43e LEÇON.

Sur la voyelle double y = ii.

ci to y en, ro y al,
ra y on, vo y a ge,
no y au, pa y sa ge,
tu y au, ba la y é,
no y é, ro y au me,
mo y en, en vo y é,
é ga y é, a bo y é.

225. *citoyen, royal,*
226. *rayon, voyage,*
227. *noyau, paysage,*
228. *tuyau, balayé,*
229. *noyé, royaume,*
230. *moyen, envoyé,*
231. *égayé, aboyé.*

QUESTIONNAIRE.

1re q. Additionnez les nombres.

2e q. Cherchez le produit de la somme des trois premiers nombres par 4.

3e q. Otez-en la somme des six premiers nombres.

44e LÇEON.

Même exercice.

mi to y en, jo y au,
do y en, bé ga y é,
pa y é, é ta y é,
lo y al, cô to y a,
ra y a, sou do y é,
ra y u re, tu to y a,
é ta y a, en vo y a.

232. *mitoyen, joyau,*
233. *doyen, bégayé,*
234. *payé, étayé,*
235. *loyal, côtôya,*
236. *raya, soudoye,*
237. *rayure, tutoya,*
238. *étaya, envoya.*

QUESTIONNAIRE.

1re q. Additionnez les nombres.

2e q. Cherchez le produit de la somme des trois premiers nombres par 4.

3e q. Otez-en la somme des six premiers nombres.

45e LEÇON.

ill = y.

mou ill a ge, mou ill é,
feu ill a ge, ta ill e,
fau c ill e, f ill e,
gue n ill e, qu ill e,
Ca m ill e, bou ill ie,
rou ill é, fou ill e,
ca na ill e, ca ill e.

239. *mouillage, mouillé,*
240. *feuillage. taille,*
241. *faucille, fille,*
242. *guenille, quille,*
243. *camille, bouillie,*
244. *rouillé, fouille,*
245. *canaille, caille,*

QUESTIONNAIRE.

1re q. Additionnez les nombres.

2e q. Cherchez le produit de la somme des trois premiers nombres par 4.

3 q. Otez-en la somme des six premiers nombres.

2..

46e LEÇON.

Même exercice.

ce ca ill e ta ge en nuie,
voi là la se ma ill e,
que nou ill e et fu seau,
el le a sou ill é sa ro be,
voi là la ca ve à la hou ill e,
une rou te ca ill ou teu se,
la ca ill e et le ca ill e teau.

246. *ce cailletage ennuie,*
247. *voilà la semaille,*
248. *quenouille et fuseau,*
249. *elle a souillé sa robe,*
250. *voilà la cave à la houille,*
251. *une route caillouteuse,*
252. *la caille et le cailleteau.*

QUESTIONNAIRE.

1re q. Additionnez les nombres.
2e q. Cherchez le produit du premier par 4.
3e q. Otez-en la somme des deux derniers.

47e LEÇON.

Même exercice.

j'ai u ne ta ba tiè re en é ca ill e,
voi là de la li ma ill e,
il je ta de la pa ill e,
j'ai me de l'o se ill e,
il a pa y é sa vo la ill e,
un gâ teau à la va n ill e,
j'ai re çu l'é ve ill e.

253. *j'ai une tabatière en écaille,*
254. *voilà de la limaille,*
255. *il jeta de la paille,*
256. *j'aime de l'oseille,*
257. *il a payé sa volaille,*
258. *un gâteau à la vanille,*
259. *j'ai reçu l'éveille.*

QUESTIONNAIRE.

1re q. Additionnez les nombres.
2e q. Cherchez le produit du premier par 4.
3e q. Otez-en la somme des trois derniers.

48e LEÇON.

Même exercice.

on lui a cou pé l'o re ill e,
j'ai re çu une fu ta ill e,
il a sui vi ma bé qu ill e,
il ho no re sa fa m ill e,
l'a be ill e l'a pi qué,
il goû te u ne an gu ill e,
je lui ai je té la b ill e.

260. *On lui a coupé l'oreille,*
261. *j'ai reçu une futaille,*
262. *il a suivi ma béquille,*
263. *il honore sa famille,*
264. *l'abeille l'a piqué,*
265. *il goûte une anguille,*
266. *je lui ai jeté la bille.*

QUESTIONNAIRE.

1re q. Additionnez les nombres.
2e q. Cherchez le produit du premier par 4.
3e q. Otez-en la somme des trois derniers.

49e LEÇON.

Voyelles suivies de consonnes qui ne se prononcent pas toujours.

af, ef, if, of, uf, ag, ac, ec,
ic, oc, uc, as, es, is, os, us.

Exercice.

a *f* fi ni té, ac cé lé ré,
di *f* fa ma ti on, o *f* fi ce,
es ti mé, ag *g* lu ti na ti on,
a *s* su ré, e *s* su y é,
a *f* fa mé, e *f* fé mi né.

267. *affinité, accéléré,*
268. *diffamation, office,*
269. *estimé, agglutination,*
270. *assuré, essuyé,*
271. *affamé, efféminé.*

QUESTIONNAIRE.

1re q. Additionnez les nombres.
2e q. Cherchez le produit du premier par 4.
3e q. Otez-en la somme des trois derniers.

50e LEÇON.

Même exercice.

on l'a vue tou te e *f* fa rée,
j'ai u ne es ti me mé ri tée,
j'ai es su y é sa bou te ill e,
je l'ai vu au ba teau ac cé lé ré,
tu as sou te nu ta thè se,
il a u ne fi gu re o *s* seu se,
j'ai vu un os té o li the.

272. *on l'a vue toute effarée,*
273. *j'ai une estime méritée,*
274. *j'ai essuyé sa bouteille,*
275. *je l'ai vu au bateau accéléré,*
276. *tu as soutenu ta thèse,*
277. *il a une figure osseuse,*
278. *j'ai vu un ostéolithe.*

QUESTIONNAIRE.

1re q. Additionnez les nombres de l'exercice.
2e q. Cherchez le produit du premier par 4.
3e q. Otez-en la somme des trois derniers.

51e LEÇON.

Prononciation de la finale es *dans les monosyllabes* mes, tes, ses, ces, les, des, es *dans tu es, en opposition avec les cas où il a le son de* e.

(Observez que *s* se prononce rarement à la fin des mots.)

tes sa ges phi lo so phes,
il a re çu *des* vo lu mes,
il a *mes* ga ges,
tu gâ tes *ses* pa ru res,
ces hom mes peu sa ges,
les lou ves ré pu tées mau vai ses,
tu *es* re çu i ci.

279. *tes sages philosophes,*
280. *il a reçu des volumes,*
281. *il a mes gages,*
282. *tu gâtes ses parures,*
283. *ces hommes peu sages,*
284. *les louves réputées mauvaises,*
285. *tu es reçu ici.*

QUESTIONNAIRE.

1re q. Additionnez les nombres.
2e q. Cherchez le produit des deux premiers réunis par 4.
3e q. Otez-en la somme des quatre derniers.

52e LEÇON.

Même exercice.

tu ai mes tes pou les,
mes vo lu mes re li és,
les hom mes lu na ti ques,
ces ar mes rou ill é es,
ses f ill es fa na ti ques,
tu es me na cé,
des ru ses u sées.

286. *tu aimes tes poules,*
287. *mes volumes reliés,*
288. *les hommes lunatiques,*
289. *ces armes rouillées,*
290. *ses filles fanatiques,*
291. *tu es menacé,*
292. *des ruses usées.*

QUESTIONNAIRE.

1re q. Additionnez les nombres.

2e q. Cherchez le produit des deux premiers réunis par 4.

3e q. Otez-en la somme des quatre derniers.

53e LEÇON.

est *marquant l'état* = è.

il *est* ti mi de et sa ge,
il *est* ru sé, tu es fê té.
il *est* ma la de et ru de,
le cu ré *est* dé pu té,
le ci ga re *est* beau,
la ca ge *est* mau vai se,
la ri me *est* u sée.

293. *il est timide et sage,*
294. *il est rusé, tu es fêté,*
295. *il est malade et rude,*
296. *le curé est député,*
297. *le cigare est beau,*
298. *la cage est mauvaise,*
299. *la rime est usée.*

QUESTIONNAIRE.

1re q. Additionnez les nombres.

2e q. Cherchez le produit des deux premiers réunis par 4.

3e q. Otez en la somme des 4 derniers.

54e LEÇON.

Voyelles entre deux consonnes et formant syllabe.

Nota. On devra faire d'abord étudier toutes les syllabes séparées des phrases qui les suivent.

bac : ma mè re ma en vo yé ce *bac*,
bec : il y a un oi seau ap pe lé *bec*-fi gues,
beug : il a *beug* lé au lieu de ri re,
bal : la pe ti te *bal* bu tie dé jà,
bel : j'ai vi si té la *bel* gi que,
bil : je joue au *bil* bo quet (et = è),
bol : il a bu en un *bol*.

300. *ma mère m'a envoyé ce bac,*
301. *il y a un oiseau appelé bec-figues,*
302 *il a beuglé au lieu de rire,*
303. *la petite balbutie déjà,*
304. *j'ai visité la belgique.*
305. *je joue au bilboquet,*
306. *il a bu en un bol.*

QUESTIONNAIRE.

1re q. Additionnez les nombres.

2e q. Cherchez le produit de la somme des trois premiers par 4.

3e q. Otez-en la somme des cinq derniers.

55e LEÇON.

Même exercice.

bam : voi là un ro seau de *bam* bou,
bien : ai me *bien* Dieu,
bom : la *bom* be l'a tu é,
ban : j'ai vu la pe ti te *ban* ca le,
bon : l'â ne a *bon* di,
bar : il rou le sa *bar* que,
ber : il a u ne bel le *ber* ce.

307. *voilà un roseau de bambou,*
308. *aime bien Dieu,*
309. *la bombe l'a tué,*
310. *j'ai vu la petite bancale,*
311. *l'âne a bondi,*
312. *il roule sa barque,*
313. *il a une belle berce.*

QUESTIONNAIRE.

1re q. Additionnez les nombres.

2e q. Cherchez le produit de la somme des trois premiers par 4.

3e q. Otez-en la somme des cinq derniers.

56e. LEÇON.

Même exercice.

bir : je l'ai vu su*bir* sa pei ne,
bor : il y a u ne bel le *bor* du re,
bur : il a é té à ti *bur*,
bas : il va à la *bas* cu le,
bis : ce *bis* tou ri pi que,
bus : j'ai gâ té ses *bus* tes,
coc : la *coc* ti on est fai te.

314. *je l'ai vu subir sa peine,*
315. *il y a une belle bordure,*
316. *il a été à tibur,*
317. *il va à la bascule,*
318. *ce bistouri pique,*
319. *j'ai gâté ses bustes,*
320. *la coction est faite.*

QUESTIONNAIRE.

1re q. Additionnez les nombres.

2e q. Cherchez le produit de la somme des trois premiers par 4.

3e q. Otez-en la somme des cinq derniers.

57e LEÇON.

Même exercice.

cal : j'ai me le *cal* me,
col : la ré *col* te est bel le,
cul : il a *cul* bu té ses fu ta ill es,
cam : je l'ai vu bien *cam* pé,
con : mè ne une bon ne *con* dui te,
cin : il est le *cin* quiè me,
cein : il a ma *cein* tu re.

321. *j'aime le calme,*
322. *la récolte est belle,*
323. *il a culbuté ses futailles,*
324. *je l'ai vu bien campé,*
325. *mène une bonne conduite,*
326. *il est le cinquième,*
327. *il a ma ceinture.*

QUESTIONNAIRE.

1re q. Additionnez les nombres.
2e q. Donnez le produit de la somme des trois premiers par 4.
3e q. Otez-en la somme des cinq derniers.

58e LEÇON.

Même exercice.

cap : voi là une bon ne *cap* tu re,
cep : j'ai ac *cep* té ce pa ri,
coq : il a goû té de ce *coq*,
car : il a lu la *car* te,
cer : *cer* ti fie la vé ri té,
cir : un can can *cir* cu le vi te,
car : il sau te à la *cor* de.

328. *voilà une bonne capture,*
329. *j'ai accepté ce pari,*
330. *il a goûté de ce coq,*
331. *il a lu la carte,*
332. *certifie la vérité,*
333. *un cancan circule vite,*
334. *il saute à la corde.*

QUESTIONNAIRE.

1re q. Additionnez les nombres.
2e q. Donnez le produit des trois premiers par 4.
3e q. Otez-en la somme des cinq premiers.

59e LEÇON.

Même exercice.

cur : voi là une bel le *cur* si ve,
cœur : il a le *cœur* bon,
cas : j'ai vu la *cas* ca de,
ces : le *ces* te est un an cien jeu,
cos : il a un beau *cos* tu me,
dac : ce *dac* ti le est bon,
dic : il a u ne *dic* tée à fai re.

335. *voilà une belle cursive,*
336. *il a le cœur bon,*
337. *j'ai vu la cascade,*
338. *le ceste est un ancien jeu,*
339. *il a un beau costume,*
340. *ce dactile est bon,*
341. *il a une dictée à faire.*

QUESTIONNAIRE.

1re q. Additionnez les nombres.

2e q. Donnez le produit de la somme des trois premiers par 4.

3e q. Otez-en la somme des cinq derniers.

60e LEÇON.

Même exercice.

doc : il est *doc* te mé de cin,
duc : il a de la *duc* ti bi li té,
dog : ce *dog* me est ad mi ré,
dul : ce la *dul* ci fie,
d'un : la po tion *d'un* ma la de,
dar : il *dar* de ses ra y ons,
dor : ce la fa ti gue l'é pi ne *dor* sa le.

342. *il est docte médecin,*
343. *il a de la ductibilité,*
344. *ce dogme est admiré,*
345. *cela dulcifie,*
346. *la potion d'un malade,*
347. *il darde ses rayons,*
348. *cela fatigue l'épine dorsale.*

QUESTIONNAIRE.

1re q. Additionnez les nombres.

2e q. Donnez le produit de la somme des trois premiers par 4.

3e q. Otez-en la somme des cinq derniers.

61e LEÇON.

Même exercice.

dur : il a l'â me en *dur* cie,
des : ar ri vé à *des* ti na ti on,
dis : il a bien *dis* cou ru,
fac : j'ai re çu ma *fac* tu re,
fec : il a ef *fec* tué sa me na ce,
fic : il ai me la *fic* ti on,
fal : la piè ce est *fal* si fiée.

349. *il a l'âme endurcie,*
350. *arrivé à destination,*
351. *il a bien discouru,*
352. *j'ai reçu ma facture,*
353. *il a effectué sa menace,*
354. *il aime la fiction,*
355. *la pièce est falsifiée,*

QUESTIONNAIRE.

1re q. Additionez les nombres.
2e q. Donnez le produit de la somme des quatre premiers par 5.
3e q. Otez-en la somme des six derniers.

62e LEÇON.

Même exercice.

ful : il a *ful* mi né un a na thè me,
fan : ce la est sa *fan* tai sie,
fin } il a en *fin* ces sé sa *fein* te,
fein }
fun : sa mè re est dé *fun* te,
far : l'â ne re jè te le *far* deau,
fer : il a te nu *fer* me,
fir : j'ai gué ri u ne in *fir* mi té.

356. *il a fulminé un anathème,*
557. *cela est sa fantaisie,*
358. *il a enfin cessé sa feinte,*
359. *sa mère est défunte,*
360. *l'âne rejète le fardeau,*
361. *il a tenu ferme,*
362. *j'ai guéri une infirmité,*

QUESTIONNAIRE.

1re q. Additionnez les nombres.

2e q. Donnez le produit de la somme des quatre premiers par 5.

3e q. Otez-en la somme des six derniers.

63e LEÇON.

Même exercice.

for : il a u ne bel le *for* tu ne,
fur : une ac tion *fur* ti ve,
fuir : je l'ai vu *fuir*,
fas : ac tion né *fas* te,
fes : il a *fes* to y é hi er,
fis : la *fis* tu le est une ma la die,
fus : il a é té *fus* ti gé.

363. *il a une belle fortune,*
364. *une action furtive,*
365. *je l'ai vu fuir,*
366. *action néfaste,*
367. *il a festoyé hier,*
368. *la fistule est une maladie,*
369. *il a été fustigé.*

QUESTIONNAIRE.

1re q. Additionnez les nombres.

2e q. Cherchez le produit de la somme des quatre premiers par 5.

3e q. Otez-en la somme des six premiers.

64e LEÇON.

Même exercice.

gal : le ré*gal* est hon nê te,
gel : il ar ri ve un dé*gel*,
gym : j'ai me le *gym* na se,
gean : mau vaise en *gean* ce,
guin : il est *guin* dé,
gyp : le *gyp* se se dur cit,
gar : re *gar* de le ré gal.

370. *le régal esthonnête,*
371. *il arrive un dégel,*
372. *j'aime le gymnase,*
373. *mauvaise engeance,*
374. *il est guindé,*
375. *le gypse se durcit.*
376. *regarde ce régal.*

QUESTIONNAIRE.

1re q. Additionnez les nombres.
2e q. Cherchez le produit des quatre premiers par 5.
3e q. Otez-en la somme des cinq premiers.

65e LEÇON.

Même exercice.

ger : il a le *ger* me de la ma la die,
gir : j'ai me à le fai re rou *gir*,
gour : il a la *gour* me,
gas : il *gas* pil le sa for tu ne,
ges : il *ges* ti cu le et me na ce,
gus : il dé *gus* te ce li qui de,
jac : on l'a ap pe lé *jac* mi no.

377. *il a le germe de la maladie,*
378. *j'aime à le faire rougir,*
379. *il a la gourme,*
380. *il gaspille sa fortune,*
381. *il gesticule et menace,*
382. *il déguste ce liquide,*
383. *on l'a appelé jacmino.*

QUESTIONNAIRE.

1re q. Additionnez les nombres.
2e q. Cherchez le produit des quatre premiers par 5.
3e q. Otez-en la somme des six premiers.

66e LEÇON.

Même exercice.

jec : fai re u ne in*jec* tion,
join : je l'ai re*join* te,
juin : il se ra i ci en *juin*,
jar : il est bon *jar* di ni er,
jour : j'ai re çu ma *jour* née,
jas : le *jas* pe est dur,
jus : u ne *jus* ti ce sé vè re.

384. *faire une injection,*
385. *je l'ai rejointe,*
386. *il sera ici en juin,*
387. *il est bon jardinier,*
388. *j'ai reçu ma journée,*
389. *le jaspe est dur,*
390 *une justice sévère.*

QUESTIONNAIRE.

1re q. Additionnez les nombres.
2e q. Cherchez le produit des quatre premiers par 5.
3e q. Otez-en la somme de ssix derniers.

67e LEÇON.

Même exercice.

lac : il a vi si té le *lac* de ge nè ve,
lec : il fait sa *lec* tu re,
lym : na tu re *lym* pha ti que,
lan : la *lan* gue me pi que,
lain / lin } ce *lin* ge est vi *lain*,
lun : il est au jour d'hui *lun* di,
lon : la ro be est *lon* gue,

391. *il a visité le lac de genève,*
392. *il fait sa lecture,*
393. *nature lymphatique,*
394. *la langue me pique,*
395. *ce linge est vilain,*
396. *il est aujourd'hui lundi,*
397. *la robe est longue.*

QUESTIONNAIRE.

1re q. Additionnez les nombres.
2e q. Cherchez le produit des quatre premiers par 5.
3e q. Otez-en la somme des six derniers.

68e LEÇON.

Même exercice.

loin : la lu miè re *loin* tai ne,
lar : j'ai me un bon *lar* doi re,
lir : il est vi lain de se sa *lir*.
leur : dou *leur* a mè re,
lour : la lam pe est *lour* de,
les : ac tion *les* te,
lis : j'ai vu sa *lis* te.

398 *lumière lointaine,*
399. *j'aime un bon lardoire,*
400. *il est vilain de se salir,*
401. *douleur amère,*
402. *la lampe est lourde,*
403. *action leste,*
404. *j'ai vu sa liste.*

QUESTIONNAIRE.

1re q. Additionnez les nombres.
2e q. Cherchez le produit des quatre premiers par 5.
3e q. Otez-en la somme des six derniers.

69e LEÇON.

Même exercice.

mal : hom me *mal* me né,
mul : la *mul* ti tu de se mê le,
mam: un beau *mam* mi fè re,
min : jeu ne homme *min* ce,
mon : le *mon* de ai me à mé di re,
mar : je di rai ma le çon *mar* di,
mer : u ne *mer* cu ria le.

405. *homme mal mené,*
406. *la multitude se mêle,*
407. *un beau mammifère,*
408. *jeune homme mince,*
409. *le monde aime à médire,*
410. *je dirai ma leçon mardi,*
411. *une mercuriale.*

QUESTIONNAIRE.

1re q. Additionnez les nombres.
2e q. Cherchez le produit des cinq premiers par 6.
3e q. Otez-en la moitié du 2e nombre, que reste-t-il ?

3.

70e LEÇON.

Même exercice.

mor : on se mo que de sa *mor* gue,
mur : le *mur* mu re se ra pu ni,
mour : l'a *mour* d'une mè re,
meur : il ha bi te la *meur* the,
moir : il a u ti li sé ce se *moir*,
myr : on lui don na la *myr* the,
mas : pè re est du *mas* cu lin.

412. *on se moque de sa morgue,*
413. *le murmure sera puni,*
414. *l'amour d'une mère,*
415. *il habite la meurthe,*
416. *il a utilisé ce semoir,*
417. *on lui donna la myrthe,*
418. *père est du masculin.*

QUESTIONNAIRE.

1re q. Additionnez les nombres.
2e q. Cherchez le produit des cinq premiers par 6.
3e q. Otez-en la moitié du premier nombre.

71e LEÇON.

Même exercice.

mes : mon do *mes* ti que,
mos : on va à la *mos* quée,
mous : j'ai vu les *mous* que tai res,
mys : on l'a *mys* ti fié,
nef : ce ci est ap pe lé *nef*,
nif : il a cas sé mon ca *nif*,
nym : el le est sui vie de *nym* phes,

419. *mon domestique,*
420. *on va à la mosquée,*
421. *j'ai vu les mousquetaires,*
422. *on l'a mystifié,*
423. *ceci est appelé nef,*
424. *il a cassé mon canif,*
425. *elle est suivie de nymphes.*

QUESTIONNAIRE.

1re q. Additionnez les nombres.
2e q. Cherchez le produit des cinq premiers par 6.
3e q. Otez-en la moitié du deuxième nombre.

72e LEÇON.

Même exercice.

nal : j'ai goû té l'eau du ca *nal*,
non : il a dit *non*,
noir : voi là un beau ma *noir*,
nar : sa *nar* ra tion est bien,
ner : elle est *ner* veu se,
nir : il va en fin fi *nir*,
nor : l'é co le *nor* ma le,

426. *j'ai goûté l'eau du canal*,
427. *il a dit non*,
428. *voilà un beau manoir*,
429. *sa narration est bien*,
430. *elle est nerveuse*,
431. *il va enfin finir*,
432. *l'école normale.*

QUESTIONNAIRE.

1re q. Additionnez les nombres.
2e q. Cherchez le produit des cinq premiers par 6.
3e q. Otez-en la moitié du premier.

73e LEÇON.

Même exercice.

nes : il est *nes* to rien,
pac : j'ai lu le *pac* te de fa mi ne,
pec : pâ te *pec* to ra le,
pic : un as *pic* l'a mor du,
pal : il a la *pal* me d'hon neur,
pul : *pul* mo nie, ma la die des poumons,
pim : el le est tou te *pim* pan te.

433. *il est nestorien,*
434. *j'ai lu le pacte de famine,*
435. *pâte pectorale,*
436. *un aspic l'a mordu,*
437. *il a la palme d'honneur,*
438. *pulmonie, maladie des poumons,*
439. *elle est toute pimpante.*

QUESTIONNAIRE.

1re q. Additionnez les nombres.
2e q. Cherchez le produit des cinq premiers par 6.
3e q. Otez-en la moitié du deuxième nombre.

74e. LEÇON.

Même exercice.

pen : la *pen* te est ra pi de,
pon : la pou le a *pon* du,
par : j'ai *par* don né sa fui te,
per : il a *per* du ma con fi an ce,
pir : il a je té un sou *pir*,
por : fer me la *por* te,
pour : il y a un par don *pour* lui.

440. *la pente est rapide,*
441. *la poule a pondu,*
442. *j'ai pardonné sa faute,*
443. *il a perdu ma confiance,*
444. *il a jeté un soupir,*
445. *ferme la porte,*
446. *il y a un pardon pour lui.*

QUESTIONNAIRE.

1re q. Additionnez les nombres.
2e q. Cherchez le produit des cinq premiers par 6.
3e q. Otez-en la moitié du premier.

75e LECON.

Même exercice.

pur : il o pé ra u ne *pur* ga ti on,
peur : j'ai *peur* d'u ne sé vè re pu ni ti on,
poir : il a l'es *poir* d'u ne ré com pen se,
pas : il man ge des *past* ill es,
pes : la *pes* te l'a em por té,
pis : il l'a sui vi à la *pis* te,
pos : é vi te u ne *pos* tu re im mo des te.

447. *il opéra une purgation,*
448. *j'ai peur d'une sévère punition,*
449. *il a l'espoir d'une récompense,*
450. *il mange des pastilles,*
451. *la peste l'a emporté,*
452. *il l'a suivi à la piste,*
453. *évite une posture immodeste.*

QUESTIONNAIRE.

1re q. Additionnez les nombres.
2e q. Cherchez le produit des cinq premiers par 6.
3e q. Otez-en la moitié du deuxième.

76e LEÇON.

Même exercice.

qu'il : ce *qu'il* pen se vaut ce *qu'il* dit,
quar : il ha bi te ce *quar* tier,
queur : é vi te de boi re cet te li *queur*,
ques : j'ai ré so lu cet te *ques* ti on,
ram : dé fie toi d'u ne â me *ram* pan te,
rin : el le *rin* ce ce lin ge,
ron : il a la fi gu re *ron* de.

454. *ce qu'il pense vaut ce qu'il dit,*
455. *il habite ce quartier,*
456. *évite de boire cette liqueur,*
457. *j'ai résolu cette question,*
458. *défie-toi d'une âme rampante,*
459. *elle rince ce linge,*
460. *il a la figure ronde.*

QUESTIONNAIRE.

1re q Additionnez les nombres.

2e q. Cherchez le produit de la somme des cinq premiers par 6.

3e q. Otez-en la moitié du premier.

77e LEÇON.

Même exercice.

rap : voi là u ne *rap* so die,
rep : il est mor du par ce *rep* ti le,
res : il *res* te à di re cet te le çon,
ris : qui ne *ris* que rien n'a rien,
rus : j'ai me la vie *rus* ti que,
sub : sa *sub* ti li té é ga le sa sa ges se,
sac : le mi li tai re por te le *sac* au dos.

461. *voilà une rapsodie,*
462. *il est mordu par ce reptile,*
463. *il reste à dire cette leçon,*
464. *qui ne risque rien n'a rien,*
465. *j'aime la vie rustique,*
466. *sa subtilité égale sa sagesse,*
467. *le militaire porte le sac au dos.*

QUESTIONNAIRE.

1re q. Additionnez les nombres.

2e q. Cherchez le produit de la somme des cinq premiers par 6.

3e q. Otez-en la moitié du deuxième.

78e LEÇON.

Même exercice.

sec : la cin quiè me *sec* ti on.
suc : il a du *suc* cès,
sol : il don ne u ne le çon de *sol* fé ge,
seul : je res te rai *seul*,
sen : j'ai me la *sen* si ti ve,
sin : { le *sin* ge a mu se
son : { par *son* a gi li té.

468. *la cinquième section*,
469. *il a du succès*,
470. *il donne une leçon de solfége*,
471. *je resterai seul*,
472. *j'aime la sensitive*,
473. *le singe amuse*
474. *par son agilité*.

QUESTIONNAIRE.

1re q. Additionnez les nombres.

2e q. Cherchez le produit de la somme des cinq premiers par 6.

3e q. Otez-en la moitié du premier.

79e LEÇON.

Même exercice.

sep : il est *sep* tu a gé nai re,
sar : il ai me les *sar* di nes,
ser : le lier re *ser* pen te,
sour : sa mè re est *sour* de,
tac=toc : *tac* ti que et *toc* sin,
tam : il ai me à *tam* bou ri ner,
tim : sa *tim* ba le est bos se lée.

475. *il est septuagénaire,*
476. *il aime les sardines,*
477. *le lierre serpente,*
478. *sa mère est sourde,*
479. *tactique et tocsin,*
480. *il aime à tambouriner,*
481. *sa timbale est bosselée.*

QUESTIONNAIRE.

1re q. Additionnez les nombres.

2e q. Cherchez le produit de la somme des cinq premiers par 6.

3e q. Otez-en le tiers du troisième.

80e LEÇON.

Même exercice.

ton : le mou *ton* est *ton* du,
tein : cet te ro be a pas sé à la *tein* tu re,
tar : il man ge sa *tar* ti ne,
ter : son cein tu ron est *ter* ni,
teur : on n'ai me pas un men *teur*,
tor : on a *tor* du le cou au pou let,
tour : il *tour* ne au *tour* de son pè re.

482. *le mouton est tondu,*
483. *cette robe a passé à la teinture,*
484. *il mange sa tartine,*
485. *son ceinturon est terni,*
486. *on n'aime pas un menteur,*
487. *on a tordu le cou au poulet,*
488. *il tourne autour de son père.*

QUESTIONNAIRE.

1re q. Additionnez les nombres.

2e q. Cherchez le produit de la somme des cinq premiers par 6.

3e q. Otez-en le tiers du cinquième.

81e LEÇON.

Même exercice.

tur : é vi te la *tur* bu len ce,
tes : il a été son *tes* ta teur,
tas : j'ai ha bi té la *Tos* ca ne,
vac : } a *vec* le *vac* cin on é vi te des
vec : } ma la dies,
vic : j'ai rem por té la *vic* toi re.
val : il ai me la *val* se.

489. *évite la turbulence,*
490. *il a été son testateur,*
491 *j'ai habité la Toscane,*
492 }
493 } *avec le vaccin on évite des maladies,*
494. *j'ai remporté la victoire,*
495. *il aime la valse.*

QUESTIONNAIRE.

1re q. Additionnez les nombres.

2e q. Cherchez le produit de la somme des cinq premiers par 6.

3e q. Otez-en le tiers du septième.

82e LEÇON.

Même exercice.

vol : cet oi seau *vol* ti ge,
vieil : il a *vieil* li vi te,
vul : cet te ac ti on est *vul* gai re,
vam : un *vam* pi re l'a mor du,
vain : il a é té *vain* cu,
vien : je *viens* d'i ci,
vian : la *vian* de nour rit.

496. *cet oiseau voltige,*
497. *il a vieilli vite,*
498. *cette action est vulgaire,*
499. *un vampire l'a mordu,*
500 *il a été vaincu,*
501. *je viens d'ici,*
502. *la viande nourrit.*

QUESTIONNAIRE.

1re q. Additionnez les nombres.

2e q. Cherchez le produit de la somme des cinq premiers par 6.

3e q. Otez-en le tiers du troisième.

83e LEÇON.

Même exercice.

ver : le men teur mé ri te les *ver* ges,
vas : il ha bi te un quar tier *vas* te,
ves : ce *ves* ti bu le est beau,
vis : u ne e au *vis* queu se,
zag :
zig : } cet te fi gu re for me le *zigzag*,
zur : j'ad mi re cet te voû te d'a *zur*,
zes : le *zes* te est u ne par tie de l'o ran ge.

503. *le menteur mérite les verges,*
504. *il habite un quartier vaste,*
505. *ce vestibule est beau,*
506. *une eau visqueuse,*
507. *cette figure forme le zigzag,*
508. *j'admire cette voûte d'azur,*
509. *le zeste est une partie de l'orange.*

QUESTIONNAIRE.

1re q. Additionnez les nombres.

2e q. Cherchez le produit de la somme des cinq premiers par 6.

3e q. Otez-en le tiers du cinquième.

84e LEÇON.

Exercice sur le son ch.

ru che, ri che, sè che,
ta che, va che, ca ché,
pé ché, bi che, po che,
dé chu, chu te, chê ne,
cha cun, che val, che min,
chai se, choi sir, cher ché,
chan son, chan te, four chu.

510. *ruche, riche, sèche,*
511. *tache, vache, caché,*
512. *péché, biche, poche,*
513. *déchu, chute, chêne,*
514. *chacun, cheval, chemin,*
515. *chaise, choisir, cherché,*
516. *chanson, chante, fourchu.*

QUESTIONNAIRE.

1re q. Additionnez les nombres.

2e q. Cherchez le produit de la somme des cinq premiers par 6.

3e q. Otez-en le tiers du septième.

35e LEÇON.

Application.

voi là un bon cha pe lier,
j'ai me le cho co lat,
cet te chan del le est é tein te,
ma cha lou pe est lé gè re,
pra ti que la cha ri té,
le cha meau por te un far deau,
j'ai a che té un cha peau.

517. *voilà un bon chapelier,*
518. *j'aime le chocolat,*
519. *cette chandelle est éteinte,*
520. *ma chaloupe est légère,*
521. *pratique la charité,*
522. *le chameau porte un fardeau,*
523. *j'ai acheté un chapeau.*

QUESTIONNAIRE.

1re q. Additionnez les nombres.

2e q. Cherchez le produit de la somme des cinq premiers par 6.

3e q. Otez-en le tiers du sixième.

86e LEÇON.

Même exercice.

il ai me la chi ca ne,
il se met des chi mè res en tê te,
j'ad mi re les ma chi nes à va peur,
le char bon chauf fe,
ce châ teau est du mo y en-â ge,
ce pe tit a le pied four chu,
cet te tor che est al lu mée.

524. *il aime la chicane,*
525. *il se met des chimères en tête,*
526. *j'admire les machines à vapeur,*
527. *le charbon chauffe,*
528. *ce château est du moyen-âge,*
529. *ce petit a le pied fourchu,*
530. *cette torche est allumée.*

QUESTIONNAIRE.

1re q. Additionnez les nombres.

2e q. Cherchez le produit de la somme des cinq premiers par 6.

3e q. Otez-en le tiers du cinquième.

87e LEÇON.

Exercice sur le son gn.

ba gne, di gne, vi gne,
si gne, rè gne, li gne,
bor gne, cy gne, lor gne,
co gnée, li gnée, soi gné,
co gnac, lor gnon, bai gnée,
co gna, dai gna, fei gnit,
si gnal, ga gne, a gneau,

531. *bagne, digne, vigne,*
532. *signe, règne, ligne,*
533. *borgne, cygne, lorgne,*
534. *cognée, lignée, soigné,*
535. *cognac, lorgnon, baignée,*
536. *cogna, daigna, feignit,*
537. *signal, gagne, agneau,*

QUESTIONNAIRE.

1re q. Additionnez les nombres.

2e q. Cherchez le produit de la somme des cinq premiers par 6.

3e q. Otez-en le quart du sixième.

83e LEÇON.

Application.

j'ai me la cam pa gne,
il_é par gne son bien,
je gar de rai ma di gni té,
voi là une jo lie vi gnet te,
je gar de rai sa si gna tu re,
el le est ma fi dè le com pa gne.
le ros si gnol chan te bien.

538. *j'aime la campagne,*
539. *il épargne son bien,*
540. *je garderai ma dignité,*
541. *voilà une jolie vignette,*
542. *je garderai sa signature,*
543. *elle est ma fidèle compagne,*
544. *le rossignol chante bien.*

QUESTIONNAIRE.

1re q Additionnez les nombres.

2e q. Cherchez le produit de la somme des cinq premiers par 6.

3e q. Otez-en le quart du troisième.

89e LEÇON.

Même exercice.

il est mon com pa gnon,
voi là un ac te ma gna ni me,
l'i gno ran ce est u ne hon te,
voi là un pe tit chien é pa gneul,
il ga gne ra par son cou ra ge,
sa pa res se l'é loi gne du bien,
j'ad mi re cet te ma gni fi cen ce.

545. *il est mon compagnon,*
546. *voilà un acte magnanime,*
547. *l'ignorance est une honte,*
548. *Voilà un petit chien épagneul,*
549. *il gagnera par son courage,*
550. *sa paresse l'éloigne du bien,*
551. *j'admire cette magnificence.*

QUESTIONNAIRE.

1re q. Additionnez les nombres.

2e q. Cherchez le produit de la somme des cinq premiers par 6.

3e q. Otez-en le quart du quatrième.

90e LEÇON.

Sur les consonnes doubles w *et* x.

Faites observer 1o que *x*, à la fin des mots, ne se prononce pas et se lie comme *s*; 2o que même dans le corps des mots il a souvent le son de *z*.

wa gon, voix, wer ther,
deu xiè me, Au xer re,
ta xe, bo xe, ri xe,
il é tait le deu xiè me,
il est de ve nu le on ziè me.

552. *wagon, voix, werther,*
553. *deuxième, auxerre,*
554. *taxe, boxe. rixe,*
555. *il était le deuxième,*
556. *il est devenu le onzième.*

QUESTIONNAIRE.

1re q. Additionnez les nombres.

2e q. Cherchez le produit de la somme entière par 6.

3e q. Otez en le quart du cinquième.

91e LEÇON.

Même exercice.

j'ai vo y a gé dans un beau wagon,
une ri xe sé rieu se est en ga gée,
tout-à-coup la voix lui man qua,
j'ai vo y a gé jus qu'à Au xer re,
j'ai re çu une le çon de bo xe,
ce bien a é té ta xé,
j'ai é té le si xiè me en com po si ti on.

557. *j'ai voyagé dans un beau wagon,*
558. *une rixe sérieuse est engagée,*
559. *tout-à-coup la voix lui manqua,*
560. *j'ai voyagé jusqu'à Auxerre,*
561. *j'ai reçu une leçon de boxe,*
562. *ce bien a été taxé,*
563. *j'ai été le sixième en composition.*

QUESTIONNAIRE.

1re q. Additionnez les nombres.
2e q. Cherchez le produit de toute la somme par 6.
3e q. Otez-en le quart du quatrième nombre.

92e LEÇON.

Sur les voyelles précédées d'une consonne double et formant syllabe.

bla : *blâ* mez les ac ti ons mau vai ses,
ble : ce la me sem *ble* jus te,
blé : le *blé* est ger mé,
blê : il est *blê* me de co lè re,
bli : j'ai re çu cet te o *bli* ga ti on,
blo : l'en ne mi *blo* qua la vil le,
blu : on pas se la fa ri ne dans un *blu* toir.

564. *blâmez les actions mauvaises,*
565. *cela me semble juste,*
566. *le blé est germé,*
567. *il est blême de colère,*
568. *j'ai reçu cette obligation,*
569. *l'ennemi bloqua la ville,*
570 *on passe la farine dans un blutoir.*

QUESTIONNAIRE

1re q. Additionnez les nombres.
2e q. Divisez le septième par 5.
3e q. Multipliez le quotient par 7.

93e LEÇON.

Même exercice.

blou : il ne faut pas sa lir sa *blou* se,
cla : il s'é lè ve u ne *cla* meur,
cle : on l'en fer ma dans un cer *cle*,
clai : cet te le çon est *clai* re,
cli : le *cli* mat in flue sur la san té,
clô : il a cas sé la *clô* tu re du jar din,
clou : j'en fon ce un *clou*.

571. *il ne faut pas salir sa blouse,*
572. *il s'élève une clameur,*
573. *on l'enferma dans un cercle,*
574. *cette leçon est claire,*
575. *le climat influe sur la santé,*
576. *il a cassé la clôture du jardin,*
577. *j'enfonce un clou.*

QUESTIONNAIRE.

1re q. Additionnez les nombres.
2e q. Divisez le cinquième par 5.
3e q. Multipliez le quotient par 7.

94e LEÇON.

Même exercice.

cloi : la *cloi* son nous sé pa re,
clu : la con *clu* sion est bon ne,
fla : il a cas sé un *fla* con,
flé : *flé* chir de vant la vé ri té,
flai : le chien *flai* re son dî ner,
fli : on nous in *fli* ge u ne pu ni ti on,
flo : l'em pi re est *flo* ris sant.

578. *la cloison nous sépare,*
579. *la conclusion est bonne,*
580. *il a cassé un flacon,*
581. *fléchir devant la vérité,*
582. *le chien flaire son dîner,*
583. *on nous inflige une punition,*
584. *l'empire est florissant.*

QUESTIONNAIRE.

1re q. Additionnez les nombres.
2e q. Divisez le troisième par 5.
3e q. Multipliez le quotient par 7.

95e. LEÇON.

Même exercice.

flou : on l'a *flou* é,
flu : il est tout *flu* et,
gla : la *gla* ce por te,
glai : u ne ma tiè re *glai* reu se,
gle : ma rè *gle* est cas sée,
gli : on *glis* se sur la gla ce,
glo : le *glo* be du mon de.

585. *on l'a floué,*
586. *il est tout fluet,*
587. *la glace porte,*
588. *une matière glaireuse,*
589. *ma règle est cassée,*
590. *on glisse sur la glace,*
591. *le globe du monde.*

QUESTIONNAIRE.

1re q. Additionnez les nombres.
2e q. Divisez par 5 le sixième.
3e q. Multipliez le quotient par 7.

96e LEÇON.

Même exercice.

gloi : dé si rons u ne *gloi* re so li de,
glu : cet te ma tiè re est *glu* an te,
glou : on n'ai me pas un *glou* ton,
pla : il a ob te nu cet te *pla* ce,
ple : a do re Dieu dans son tem *ple*,
plai : le *plai* sir las se sou vent,
plu : ma *plu* me est mal ta ill ée.

592. *désirons une gloire solide,*
593. *cette matière est gluante,*
594. *on n'aime pas un glouton,*
595. *il a obtenu cette place,*
596. *adore Dieu dans son temple,*
597. *le plaisir lasse souvent,*
598. *ma plume est mal taillée.*

QUESTIONNAIRE

1re q. Additionnez les nombres.
2e q. Divisez le quatrième par 5.
3e q. Multipliez le quotient par 7.

97e LEÇON.

Même exercice.

bra : il est *bra* ve ca pi tai ne,
bre : il se ca che dans l'om *bre*,
bré : cet te le çon est a *bré* gée,
brai : j'ai en ten du *brai* re son â ne,
bri : il a *bri* sé sa rè gle,
bro : un pou let est à la *bro* che,
brou : l'â ne *brou* te l'her be.

599. *il est brave capitaine,*
600. *il se cache dans l'ombre,*
601. *cette leçon est abrégée,*
602. *j'ai entendu braire son âne,*
603. *il a brisé sa règle,*
603. *un poulet est à la broche,*
605. *l'âne broute l'herbe.*

QUESTIONNAIRE.

1re q. Additionnez les nombres.
2e q. Divisez le deuxième par 5.
3e q. Multipliez le quotient par 7.

98e LEÇON.

Même exercice.

cra : on doit *cra* cher dans son mou choir,
crai : on o pè re au ta bleau a vec la *craie*,
cre : il ai me le su *cre*,
crê : il ai me u ne tar te à la *crê* me,
cri : il a com mis un *cri* me,
cro : le pou let a é té *cro* qué,
crou : l'eau *crou* pit.

606. *on doit cracher dans son mouchoir,*
607 *on opère au tableau avec la craie,*
608. *il aime le sucre,*
609. *il aime une tarte à la crême,*
610. *il a commis un crime,*
611. *le poulet a été croqué,*
612. *l'eau croupit.*

QUESTIONNAIRE.

1re q. Additionnez les nombres.
2e q. Cherchez le quotient du cinquième par 5.
3e q. Multipliez le quotient par 7.

99e LEÇON.

Même exercice.

dra : on a ar bo ré le *dra* peau,
dre : il faut ren *dre* à qui on doit,
dré : il é tait tout pou *dré*,
drai : je lui ren *drai* sa noix,
droi : ma rè gle est *droi* te,
drô : il est tou jours *drô* le,
dru : il a se mé ce la *dru*.

613. *on a arboré le drapeau,*
641. *il faut rendre à qui on doit,*
615. *il était tout poudré,*
616. *je lui rendrai sa noix,*
617. *ma règle est droite,*
618. *il est toujours drôle,*
619. *il a semé cela dru.*

QUESTIONNAIRE.

1re q. Additionnez les nombres.

2e q. Cherchez le quotient du sixième par 6 et faites la preuve.

3e q. Multipliez le quotient par 8.

100e LEÇON.

Même exercice.

fra : la *fra* ter ni té tou che,
fre : il est tom bé dans un gouf *fre*,
frai : il ai me les *frai* ses,
fri : on fe ra *fri* re pe tit pois son,
fro : le cor beau man ge le *fro* ma ge,
fru : ai me un re pas *fru* gal,
froi : son dî ner est re *froi* di.

620. *la fraternité touche,*
621. *il est tombé dans un gouffre,*
622. *il aime les fraises,*
623. *on fera frire petit poisson,*
624. *le corbeau mange le fromage,*
625. *aime un repas frugal,*
626. *son dîner est refroidi.*

QUESTIONNAIRE.

1re q. Additionnez les nombres.

2e q. Cherchez le quotient du cinquième par 6 et faites la preuve.

3e q. Multipliez le quotient par 8.

101e LEÇON.

Même exercice.

gra : il faut *gra* vir la mon ta gne,
gre : ce la pin est mai *gre*,
grai : cet te *grai* ne est bon ne,
gri : mon père *gri* son ne,
gro : il ne faut pas *gro* gner,
gru : il se lais se *gru* ger,
grou : il sait *grou* per les chif fres.

627. *il faut gravir la montagne,*
628. *ce lapin est maigre,*
629. *cette graine est bonne,*
630. *mon père grisonne,*
631. *il ne faut pas grogner,*
632. *il se laisse gruger,*
633. *il sait grouper les chiffres.*

QUESTIONNAIRE.

1re q. Additionnez les nombres.

2e q. Cherchez le quotient du quatrième par 6 et faites la preuve.

3e q. Multipliez le quotient par 8.

102e LEÇON.

Même exercice.

pra : *pra* ti que la ver tu,
pro { j'ai me à me *pro* me ner
prai { dans u ne *prai* rie,
pri : ne cher che pas les *pri* vi lé ges,
proi : il a sai si sa *proie*,
pru : il mange des *pru* nes,
prou : *prou* ve ce que tu a van ces

634. *pratique la vertu,*
635. *j'aime à me promener*
636. *dans une prairie,*
637. *ne cherche pas les priviléges,*
638. *il a saisi sa proie,*
639. *il mange des prunes,*
640 *prouve ce que tu avances.*

QUESTIONNAIRE.

1re q. Additionnez les nombres.

2e q. Cherchez le quotient du troisième par 6 et faites la preuve.

3e q. Multipliez le quotient par 8.

103e LEÇON.

Même exercice.

tra	:	il a *tra* ver sé la ri viè re,
trai	{	il ne faut pas *trai* ter
tre		a vec les traî *tres*,
tri	:	la *tri* bu la tion é pu re l'â me,
troi	:	il a é té le *troi* siè me,
tro	:	un beau *tro* phée,
trou	:	son ha bit est *trou* é.

641. *il a traversé la rivière,*
642. *il ne faut pas traiter*
643. *avec les traitres,*
644. *la tribulation épure l'âme,*
645. *il a été le troisième,*
646. *un beau trophée.*
647. *son habit est troué.*

QUESTIONNAIRE.

1re q. Additionnez les nombres.

2e q. Cherchez le quotient du deuxième par 6 et faites la preuve.

3e q. Multipliez le quotient par 8.

104e LEÇON.

Même exercice.

tru : un hom me ven*tru*,
vra : son ou*vra* ge est bien,
vre : ou *vre* la por te,
vré : ce ci est bien ou*vré*,
vri : le jeu l'a ap pau*vri*,
vrai : cro y ez ce qui est *vrai*,
vro : cet te che*vro* ti ne l'a bles sé.

648. *un homme ventru,*
649. *son ouvrage est bien,*
650. *ouvre la porte,*
651. *ceci est bien ouvré,*
652. *le jeu l'a appauvri,*
653. *croyez ce qui est vrai,*
654. *cette chevrotine l'a blessé.*

QUESTIONNAIRE.

1re q. Additionnez les nombres.

2e q. Cherchez le quotient du septième par 6 et faites la preuve.

3e q. Multipliez le quotient par 8.

105e LEÇON.

Même exercice.

sca : il por te un *sca* pu lai re,
sla : cet hom me est un *sla* ve,
sphè : j'é tu die la *sphè* re,
spa : il veut fai re le *spa* das sin,
spé : voi là u ne bel le *spé* cu la ti on,
spi : j'ai me la vie *spi* ri tu el le,
spo : ce ci est u ne vraie *spo* li a ti on.

655. *il porte un scapulaire,*
656. *cet homme est un slave,*
657. *j'étudie la sphère,*
658. *il veut faire le spadassin,*
659. *voilà une belle spéculation,*
660. *j'aime la vie spirituelle,*
661. *ceci est une vraie spoliation.*

QUESTIONNAIRE.

1re q. Additionnez les nombres.

2e q. Cherchez le quotient du quatrième par 7 et faites la preuve.

3e q. Multipliez le quotient par 8.

106e LEÇON.

Même exercice.

sta : il ar ri ve à la *sta* ti on,
sté : voi là un ar bre *sté* ri le,
sti : le de voir le *sti* mu le,
sto : u ne bois son *sto* ma chi que,
stu : il tom be dans la *stu* pé fac ti on,
sty : so y ez sim ple dans vo tre *sty* le,
pneu : u ne ma chi ne *pneu* ma ti que.

662. *il arrive à la station,*
663. *voilà un arbre stérile,*
664. *le devoir le stimule,*
665. *une boisson stomachique,*
666. *il tombe dans la stupéfaction,*
667. *soyez simple dans votre style,*
668. *une machine pneumatique.*

QUESTIONNAIRE.

1re q. Additionnez les nombres.

2e q. Cherchez le quotient du quatrième par 7 et faites la preuve.

3e q. Multipliez par 8.

107e LEÇON.

Même exercice.

sbi : les *sbi* res du roi,
psau : il lit les *psau* mes,
mné : u ne mé tho de *mné* mo ni que,
sco : l'an née *sco* lai re,
sci : le *scia* ge com men ce,
sha : le *sha* ko coif fe le sol dat,
scé : un ac te de *scé* lé ra tes se.

669. *les sbires du roi,*
670. *il lit les psaumes,*
671. *une méthode mnémonique,*
672. *l'année scolaire,*
673. *le sciage commence,*
674. *le shako coiffe le soldat,*
675. *un acte de scélératesse.*

QUESTIONNAIRE.

1re q. Additionnez les nombres.

2e q. Cherchez le quotient du quatrième par 7 et faites la preuve.

3e q. Multipliez le quotient par 8.

108e LEÇON.

Voyelles précédées d'une consonne triple.

scri : il est é cri vain ou *scri* be,
scro . il est *scro* fu leux,
scru : le *scru* tin est se cret;
stra : son *stra* ta gè me ré us sit,
chré : so y ez bon *chré* tien,
phra : choi sis sez vos *phra* ses.

676. *il est écrivain ou scribe,*
677. *il est scrofuleux,*
678. *le scrutin est secret,*
679. *son stratagème réussit,*
679. *soyez bon chrétien.*
680. *choisissez vos phrases.*

QUESTIONNAIRE.

1re q. Additionnez les nombres.

2e q. Cherchez le quotient du quatrième par 7 et faites la preuve.

3e q. Multipliez le quotient par 8.

109e LEÇON.

Voyelles précédées et suivies de consonnes soit simples, soit doubles.

cor rect, marc,
fisc, cerf,
exact, busc,
mars, ours,
sphinx, fonc tion,
turc, splen deur,
es prit, ins crip tion.

682. *correct, marc,*
683. *fisc, cerf,*
684. *exact, busc,*
685. *mars, ours,*
686. *sphinx, fonction,*
687. *turc, splendeur,*
688. *esprit, inscription.*

QUESTIONNAIRE.

1re q. Additionnez les nombres.

2e q. Cherchez le quotient du septième par 8 et faites la preuve.

3e q. Multipliez ce quotient par 9.

110e LEÇON.

Même exercice.

Fran ce, struc tu re,
é tran glé, é gyp ti en,
bran dir, psal mo di er,
trem bler, é trein dre,
souf frir, fran chir,
pros pé ri té, Smer dis,
crain dre, grim per.

689. *France, structure,*
690. *étranglé, égyptien,*
691. *brandir, psalmodier,*
692. *trembler, étreindre,*
693. *souffrir, franchir,*
694. *prospérité, Smerdis,*
695. *craindre, grimper.*

QUESTIONNAIRE.

1re q. Additionnez les nombres.

2e q. Cherchez le quotient du cinquième et troisième par 8 et faites la preuve.

3e q. Multipliez ce quotient par 9.

111e LEÇON.

œ = *é* ou *eu* ; *œu* = *eu*.

l'œ il de la va che,
il a re çu u ne œ ill a de,
je man ge mon œu f,
j'ai vu un œ ill é,
don ne ton c œ ur à Dieu,
je soi gne ma s œ ur,
fais de bon nes œu vres,

696. *l'œil de la vache,*
697. *il a reçu une œillade,*
698. *je mange mon œuf,*
699. *j'ai vu un œillé,*
700. *donne ton cœur à Dieu,*
701. *je soigne ma sœur,*
702. *fais de bonnes œuvres.*

QUESTIONNAIRE.

1re q. Additionnez les nombres.

2e q. Cherchez le quotient du premier par 4 et faites la preuve.

3e q. Multipliez ce quotient par 9.

112e LEÇON.

Même exercice.

le b œ uf a u ne bon ne chair,
l'œ ill è re sert aux ma la des,
j'ai re çu cet œ ill et,
il a u ne a ga te œ ill ée,
il a les m œu rs dou ces,
j'ai lu Œ di pe à Co lon ne,
ne fais pas un vœu in dis cret,

703. *le bœuf a une bonne chair,*
704 *l'œillère sert aux malades.*
705. *j'ai reçu cet œillet,*
706. *il a une agate œillée,*
707. *il a les mœurs douces,*
708. *j'ai lu OEdipe à Colonne,*
709. *ne fais pas un vœu indiscret.*

QUESTIONNAIRE.

1re q. Additionnez les nombres.

2e q. Cherchez le quotient du deuxième par 8 et faites la preuve.

3e q. Multipliez ce quotient par 9.

113e LEÇON.

ail = aille ; eil = eille.

ail, paille, maille,
bail, caille, vo laille,
sé rail, te naille, ba taille,
é mail, fu taille, taille,
or teil, o seille, gro seille,
at ti rail, brous sai lle,
ver meil, mer veille.

710. *ail, paille, maille,*
711. *bail, caille, volaille,*
712. *sérail, tenaille, bataille,*
713. *émail, futaille, taille,*
714. *orteil, oseille, groseille,*
715. *attirail, broussaille,*
716. *vermeil, merveille.*

QUESTIONNAIRE.

1re q. Additionnez les nombres.

2e q. Cherchez le quotient du deuxième par 9 et faites la preuve.

114e LEÇON.

Même exercice.

le tra vail est u ne né ces si té,
ce por tail est su per be,
le rat a ron gé les mailles,
il tra vaille à mer veille,
il a un beau ser vi ce de ver meil,
il s'est bles sé à l'or teil,
le fat se sert d'un éven tail.

717. *le travail est une nécessité,*
718. *ce portail est superbe,*
719. *le rat a rongé les mailles,*
720. *il travaille à merveille,*
721. *il a un beau service de vermeil,*
722. *il s'est blessé à l'orteil,*
723. *le fat se sert d'un éventail.*

QUESTIONNAIRE.

1re q. Additionnez les nombres.

2e q. Cherchez le quotient du quatrième par 9 et faites la preuve.

115e LEÇON.

La finale *ent* est muette dans les mots devant lesquels on peut mettre *elles*, *ils*.

ils man gent du pain,
el les jouent bien,
les voi tu res rou lent,
les oi seaux vo lent,
les pois sons na gent,
ils ga gnent la par tie,
ils cas sent les vi tres.

724. *ils mangent du pain,*
725. *elles jouent bien,*
726. *les voitures roulent,*
727. *les oiseaux volent,*
728. *les poissons nagent,*
729. *ils gagnent la partie,*
730. *ils cassent les vitres.*

QUESTIONNAIRE.

1re q. Addition les nombres.

2e q. Cherchez le quotient du sixième par 9 et faites la preuve.

lie
qu
fou
rie
pré
u
Je

DEUXIÈME PARTIE.

LECTURE COURANTE.

Petites Fables morales et amusantes.

1re FABLE.

LA CIGALE ET LA FOURMI.

Une cigale ayant chanté durant tout l'été, au lieu de travailler, se trouva dans le besoin quand l'hiver arriva. Elle alla trouver une fourmi, sa voisine, et, se plaignant de n'avoir rien à manger, elle la pria de vouloir bien lui prêter quelque nourriture qui l'empêcherait de mourir de faim pendant la mauvaise saison. — Je vous la rendrai, lui dit-elle, dès le commencement de la prochaine récolte, et vous en paierai l'intérêt, je vous en donne ma parole. — Que faisiez-vous pendant tout l'été? lui demanda la fourmi. — Je chantais et le jour et la nuit, répondit la cigale.—Vous chantiez? reprit la fourmi ; eh ! ma chère, j'en suis bien fâchée ; alors dansez maintenant!

Gardez-vous, enfants, de faire comme la cigale. La fin de l'année, c'est-à-dire le jour des récompenses, arriverait, et alors, vous auriez beau crier, supplier; vos camarades s'en iraient les mains pleines, et répondraient à vos supplications en vous disant comme la fourmi à la cigale : « Vous avez perdu le temps dans les jeux et la paresse, j'en suis fâché; pleurez maintenant. »

2e FABLE.

LA GUENON, LE SINGE ET LA NOIX.

Une jeune guenon cueillit un jour une noix encore dans son enveloppe verte. Vite, elle y porte la dent; mais voilà qu'elle fait la grimace. — « Ma mère mentit, s'écrie-t-elle, quand elle m'assura que les noix étaient bonnes! » Et elle jete la noix bien loin d'elle. Un singe, qui se trouvait là, la ramasse aussitôt, la casse entre deux cailloux, l'épluche sous les yeux de la guenon, la mange et lui dit : « Votre mère ne mentit pas, ma chère, car les noix ont fort bon goût; mais il faut commencer par les ouvrir et ne point se rebuter si l'enveloppe est amère. »

Enfants, souvenez-vous qu'il arrive la même chose à ceux qu'on veut faire étudier; les commencements sont parfois difficiles; on éprouve un peu de peine, mais c'est pour ressentir dans la suite beaucoup de jouissance et de plaisir.

3e FABLE.

LE GEAI PARÉ DES PLUMES DU PAON.

Un paon, oiseau d'un plumage magnifique, muait, c'est-à-dire changeait de plumes. Un geai, aussi orgueilleux que sot, eut la vaniteuse pensée de s'approprier les plumes du paon. Il les prit donc et s'en para, puis alla se mêler à d'autres paons et s'en fit remarquer par sa fierté hautaine. On le reconnut, on le maltraita et on le chassa. Il alla alors chercher un asile chez les geais, mais ils ne le reconnurent pas pour un des leurs et le mirent ignominieusement à la porte.

Le même sort est destiné aux enfants qui dédaignent leurs petits camarades pour aller avec d'autres qu'ils regardent comme tenant un rang plus élevé. Ceux-ci les chassent, et lorsque les petits orgueilleux veulent retourner vers leurs petits camarades, ils n'en sont point reçus.

4e FABLE.

L'ANE VÊTU DE LA PEAU DU LION.

Un âne s'était vêtu de la peau d'un lion, et bien que lui-même il fût peu à craindre, cependant il faisait peur à tous ceux qui le rencontraient. Mais un jour, on vit passer le bout de son oreille ; son maître le reconnut, et prenant un bâton, il chassa, à grands coups, son âne au moulin.

Ainsi arrive-t-il aux enfants qui veulent se faire juger plus grands qu'ils ne sont en réalité; ils s'en repentent toujours, parce qu'ils en reçoivent le châtiment.

5e FABLE.

LE LIERRE ET LE ROSIER.

Un lierre, en s'attachant à une muraille, en avait couvert, avec son feuillage grimpant, la plus grande partie. Il vit près de lui un rosier tout petit et se mit à en rire, à s'en moquer. Le rosier, sans se fâcher, lui dit : « Je suis petit, il est vrai, mais j'ai grandi par moi-même. Pour toi dont l'orgueil est si grand, qui parles avec tant de fierté et de dédain, n'oublie pas que si la muraille ne t'avait prêté appui et secours, tu ramperais par terre. »

Le rosier avait raison, mes amis ; il savait qu'il y a beaucoup plus de mérite à s'élever par soi-même, qu'à ne s'élever qu'avec le secours des autres.

6e FABLE.

LE ROSIER ÉTOUFFÉ PAR LE LIERRE.

Un lierre, tout petit, croissait près d'un rosier dont les fleurs répandaient les parfums les plus doux. — « Permets-moi de m'appuyer sur toi, dit un jour le lierre au rosier, je te serai reconnaissant d'un si grand service. » — Le rosier accorda cette demande. Mais bientôt le lierre grimpa et s'étendit au point de ne laisser plus d'air au rosier, qui ne tarda pas à mourir étouffé.

L'ingratitude produit souvent pareil effet. Que d'enfants ingrats causent des chagrins et souvent même la mort, par leurs mauvais procédés, à ceux qui leur ont donné la vie, et avec le secours desquels ils ont grandi.

7e FABLE.

LE CHIEN QUI LACHE SA PROIE POUR L'OMBRE.

Un chien qui s'était emparé d'une proie, fuyait en toute hâte. En passant près d'un ruisseau limpide et clair, il aperçut son image reflétée par l'eau comme par un miroir ; la proie qu'il tenait en sa gueule était aussi représentée. Il crut que c'en était une nouvelle. Il se jette aussitôt à l'eau pour la saisir, mais l'eau s'agite et se trouble. Notre chien craint de se noyer, lâche sa proie et regagne le bord avec beaucoup d'efforts. Ainsi, voulant avoir deux proies, il perdit celle qu'il possédait ; en courant après l'ombre, il perdit la réalité.

Craignons aussi, en voulant posséder l'ombre, c'est-à-dire des choses de peu de valeur, de perdre de vrais biens.

8e FABLE.

LES DEUX VOYAGEURS.

Le compère Thomas et son ami Lubin allaient à pied tous deux à la ville voisine. Sur sa route, Thomas aperçoit une bourse pleine de louis ; il s'en empare aussitôt et la serre bien soigneusement dans sa poche. Lubin s'écrie plein de joie : « Quelle bonne trouvaille *pour nous !* » — « *Pour nous !* répond Thomas ; non, mon cher, tu te trompes ; *pour moi*, à la bonne heure ! » Lubin ne dit plus rien , et tous deux continuent leur marche. Mais au coin d'un bois , ils se trouvent en face d'une bande de voleurs. « Nous sommes perdus ! » crie Thomas tremblant et presque mort de peur. « *Nous !* non , mon cher , tu te trompes ! *Toi* qui as de l'argent , à la bonne heure ! » Et, en disant ces mots , il s'échappe à travers les taillis. Immobile de peur , Thomas est bientôt pris ; il tire la bourse et la donne.

Devenu riche , Thomas ne pensa qu'à lui ; quand il fut tombé dans le danger , on le laissa seul. Ce qui nous fait voir que nous devons toujours traiter les autres avec justice , dans quelqu'état de fortune que nous soyons , si nous voulons n'avoir jamais à nous repentir.

9e FABLE.

LE LION ET LE RAT.

Un rat sortit un jour de terre à l'endroit même où se trouvait un lion. Le lion aurait pu le faire mourir, mais il lui laissa généreusement la vie. Le lion devait bientôt être récompensé de cette bonne action. En effet, ce lion fut pris dans des filets ; il eut beau rugir et se mettre en fureur, il ne put s'en débarrasser. Heureusement le rat que ce lion avait si bien traité, accourut à ses cris, il rongea les mailles du filet et finit par délivrer le lion.

Ce qui prouve qu'un bienfait n'est jamais perdu.

10e FABLE.

LE CORBEAU ET LE RENARD.

Maître corbeau, perché au haut d'un arbre, tenait en son bec un morceau de fromage. Maître renard, attiré par l'odeur de ce fromage, lui parla en ces termes : « Hé bonjour ! monsieur du corbeau, que vous êtes joli ! que vous me semblez beau ! Sans mentir, si vous chantez aussi bien que votre plumage est magnifique, vous êtes le premier, le maître de tous les oiseaux de ce bois. » Joyeux et énorgueilli par ce langage flatteur, le corbeau, voulant montrer sa belle voix, ouvre un large bec et laisse tomber son fromage. Le renard s'en empare et dit avec dérision : « Mon beau monsieur, apprenez que tout flatteur vit aux dépens de celui qui l'écoute ; cette leçon vaut bien un fromage, sans doute. » Le corbeau, honteux et confus, jura, mais trop tard, qu'on ne l'y attraperait plus.

Il faut vous défier de ceux qui vous flattent, si vous ne voulez pas avoir à vous repentir d'avoir prêté une oreille attentive à leurs discours menteurs.

11e FABLE.

LE LOUP ET L'AGNEAU.

Pressé par la soif, un agneau vint se désaltérer à une rivière voisine. Un loup y vint également. Ce loup n'avait pas mangé de longtemps; alors il chercha querelle à l'agneau. — « Qui te rend assez hardi pour troubler ma boisson, lui dit-il avec fierté; je te punirai de cette témérité. —Sire, répond timidement l'agneau, que Votre Majesté ne se mette pas en colère, mais plutôt qu'elle considère que je ne puis troubler sa boisson, attendu que le courant entraîne l'eau de mon côté et non du sien. — Tu la troubles, reprend le loup avec rage, et d'ailleurs je sais que l'année dernière tu as parlé mal de moi. — Je n'étais pas encore au monde, dit l'agneau. — Si ce n'est toi, c'est donc ton frère? — Je n'en ai point — C'est donc quelqu'un des tiens, car vous ne m'épargnez guère, vous, vos bergers, vos chiens. On me l'a dit; il faut que je me venge. » — Et à peine avait-il achevé, qu'il se jeta sur l'agneau, l'étrangla, le mit en pièces et puis le mangea.

Un méchant couvre toujours ses mauvais desseins de quelques prétextes.

12e FABLE.

LE DANSEUR DE CORDE ET LE BALANCIER.

Un jeune voltigeur apprenait à danser sur corde ; déjà son adresse, ses tours de force et de souplesse attiraient beaucoup de monde. Le voilà qui s'avance sur la corde, le balancier en mains, l'air libre, le corps droit. On le voit, hardi, léger autant qu'adroit, qui s'élève, descend, va, vient, s'élance plus haut encore, retombe et remonte de nouveau. Semblable à certains oiseaux qui, en volant, rasent la surface de l'eau, son pied touche, sans qu'on le voie, à la corde qui plie et aussitôt le renvoie en l'air. On l'applaudit. Tout fier d'obtenir tant de succès, il se dit un jour : « A quoi bon ce balancier pesant, qui me fatigue et m'embarrasse ? Si je dansais sans lui, j'aurais bien plus de grâce, de force et de légèreté. » Cela dit, il jette au loin ce balancier qui était tout son soutien. Mais aussitôt notre étourdi chancelle, étend les bras et tombe. Il se cassa le nez et tout le monde se mit à rire.

Il fit comme ces petits enfants orgueilleux qui, se croyant déjà bien savants, n'écoutent pas les leçons de leurs maîtres. Ils veulent montrer qu'ils savent quelque chose, disent des sottises et se font moquer de tout le monde.

13e FABLE.

L'ENFANT ET LE MARIN.

Un enfant s'amusait sur le bord d'une rivière, lorsqu'il vit au milieu de l'eau un marin qui conduisait, à l'aide d'un gouvernail, une petite barque. — « Cet homme est un grand sot de se tourmenter si fort, s'écrie l'enfant, comme si l'eau ne suffisait pas pour entraîner un si petit canot. Je ne suis qu'un enfant, mais je veux montrer à ce vieux sot son métier. » — Il dit, et aussitôt détachant du rivage une chaloupe dans laquelle il descend, le voilà qui s'avance sur l'eau. Mais la rivière cachait sous ses eaux plus d'un écueil perfide. Le marin voit l'enfant et frémit pour ses jours. Ne pouvant aller assez vite à son secours, il l'exhorte, à grands cris, à regagner le rivage. Mais le jeune imprudent, loin d'écouter le marin, se croise les bras, chante et se moque du danger qu'il ne connaît pas. Tout-à-coup la chaloupe fragile tombe dans un large courant ; le péril est extrême. Alors seulement, l'enfant reconnaît sa légèreté et son imprudence; vite, il prend l'aviron qu'il méprisait tout-à-l'heure. Sa force ne suffit plus ; ses efforts deviennent inutiles ; il est épuisé de fatigue, il succombe, et le voilà bientôt englouti dans les flots.

Ils courent, sans s'en douter, de pareils dangers, les enfants orgueilleux qui se fient à leurs propres lumières sans vouloir écouter les avis des personnes sages et expérimentées qui veulent leur bonheur.

14e FABLE.

LE VILLAGEOIS ET LE SERPENT.

Un villageois aperçut près de sa maison, un jour d'hiver, un serpent étendu sur la neige. Il était immobile, gelé, et n'avait plus un quart-d'heure à vivre. Notre villageois, ne pensant qu'à faire une bonne action, le prend, l'emporte dans sa demeure et, sans considérer s'il sera récompensé pour ce qu'il fait, il l'étend le long de son foyer, le réchauffe, enfin le ressuscite. A peine le serpent s'est-il senti ranimé qu'il lève la tête, siffle, se dresse et veut s'élancer sur son bienfaiteur, sur celui qui lui a rendu la vie.

— « Ingrat ! s'écrie le villageois, voilà donc la récompense que tu me réservais ! Tu mourras ! » — A ces mots, il prend sa cognée, coupe le serpent et lui donne la mort.

Les ingrats se lèvent souvent contre ceux à qui ils doivent tout ce qu'ils sont ; mais aussi, comme au serpent, les châtiments les plus terribles leur sont réservés.

15e FABLE.

LE CHAT ET LA LUNETTE.

Un chat sauvage et grand chasseur, s'était établi, pour faire bonne chair, dans le parc d'un seigneur où se trouvait grand nombre de lapins, de perdrix et d'autres animaux ! Toujours guêtant, la nuit, le jour, sans se donner de relâche, notre chat, aussi malin, aussi adroit que bon coureur, poursuivait, attendait, tuait et croquait tout le gibier qui se présentait. Les gardes épiaient l'insolent braconnier ; mais, caché dans le bois, près d'un terrier, le drôle trompait leur adresse. Cependant il craignait d'être pris à la fin, et se plaignait que la vieillesse lui rendît l'œil moins sûr, moins fin. Cette pensée le rendait souvent triste, lorsqu'un jour il trouva une lunette d'approche que le seigneur avait, sans doute, perdue en cet endroit. Le chat, d'abord, l'examine, la fait, à coups de patte, rouler sur tous ses côtés, et s'avise même d'appliquer à sa vue le verre d'un des bouts. — C'était le plus petit. — Il aperçoit un lapin qu'il croit à quatre pas. « Ah ! quel trésor ! » s'écrie-t-il, et laissant sa lunette, il va courir sur le lapin, lorsqu'il entend du bruit. Il reprend sa lunette, s'en sert par l'autre bout et voit bien loin un garde qui se dirigeait vers lui. Il craint d'abord et hésite ; il regarde de nouveau par le gros bout et voit le garde toujours éloigné. — « J'ai le temps, dit-il, je vais au lapin. » — Mais, à peine a-t-il achevé ces mots qu'il reçoit une balle dans la tête, tombe et expire.

Souvent notre esprit voit, comme le chat par sa lunette, ce qui plaît à quelques pas, et bien loin ce qui déplaît. Cependant, le sort du chat nous apprend qu'il faut tout peser dans la même balance, faire, non ce qui plaît, mais ce qui doit être fait.

16e FABLE.

FANFAN ET COLAS.

Pérette était la nourrice de Fanfan ; Colas était son frère de lait. Par les soins de Pérette, Fanfan avait grandi et était devenu gros et vermeil. Il venait d'atteindre sa troisième année, et Pérette, comme elle en avait reçu l'ordre, s'en allait à Paris le rendre à ses parents. Elle avait mis Fanfan et Colas chacun dans un panier et en avait chargé sa bourrique. Fanfan, le fils de la riche Chloé, allait changer d'état, de nom, d'habillement et, peut-être aussi, de caractère.

Colas, lui, n'était que Colas, le fils de la pauvre et bonne Pérette et de son mari Pierre. Il aimait tant Fanfan qu'il ne le quittait pas. Fanfan le chérissait de même. Ils arrivent. Chloé prend son fils dans ses bras ; son étonnement est extrême, tant il lui paraît fort, bien nourri, gros et gras. Pérette est largement payée de tous ses bons soins. Mais il faut partir, il faut se séparer ! Colas et Fanfan vont donc se quitter ! Ils pleurent, ils se désolent ; Fanfan se désespère : sans lui et sans Pérette, que va-t-il devenir ? Mais il fallut se quitter, il le fallut. On avait dit à la nourrice : « Quand vous viendrez à Paris, Pérette, surtout amenez-nous votre fils ; nous sommes riches, nous lui rendrons service. » Pérette, le cœur gros, mais plein d'un doux espoir, croit déjà la fortune de son Colas faite.

Cependant Chloé fait la toilette de Fanfan : le voilà décrassé, beau, blanc. Il fallait le voir avec son bel habit moiré, son toquet d'or, sa belle aigrette ! On dit que le petit ingrat, se voyant au miroir, oublia Colas et Pérette.

— « Je voudrais porter cette galette à Fanfan, dit un jour la nourrice ; qu'en penses-tu, Pierre? Voilà bientôt six mois que nous ne l'avons vu. » Pierre y consent ; Colas est du voyage. Fanfan, voyant Colas, ne courut point l'embrasser, comme il l'aurait fait autrefois ; mais le petit orgueilleux le trouva trop mal vêtu pour son ami.

C'est qu'il y a des orgueilleux à tout âge, voyez-vous, mes enfants. Avec sa galette, Pérette avait encore apporté à Fanfan de beaux fruits, de gros raisins. Sans tous ces présents, Fanfan aurait méconnu ses amis d'autrefois. Les présens furent bien reçus, ce fut tout. Tandis que Pérette n'est occupée qu'à faire éclater son amour, Fanfan, lui, bat du tambour, traîne son chariot, fait danser sa poupée. Quand il a bien joué, Colas dit : « C'est mon tour. » Mais Fanfan le repousse d'un air fier et mutin ; il ne reconnaît plus celui qu'il appelait son frère. Pérette, alors, le cœur serré, prend par la main son fils qui pleure : « Viens, lui dit-elle, viens,

Colas ; Fanfan est devenu grand seigneur, viens, mon fils, tu n'as plus son cœur, tu n'es plus son ami. »

Qui de vous, enfants, n'est pas indigné de la conduite de Fanfan ? Il n'avait pas le cœur assez bon pour savoir comprendre ce que vous comprenez bien, vous, mes petits amis, et que vous n'oublierez jamais : c'est que, riches comme pauvres, nous sommes tous frères et devons toujours nous traiter comme tels, c'est-à-dire avec amitié et dévouement.

FIN.

Douai. —Imp. de CRÉPEAUX, rue des Écoles, 27.

IMPRIMERIE DE CRÉPEAUX, RUE DES ÉCOLES, 27.

www.ingramcontent.com/pod-product-compliance
Lightning Source LLC
Chambersburg PA
CBHW050011100426
42739CB00011B/2594
9782014526608